ESSAI

SUR LA

LANGUE DE LA FONTAINE.

(Extrait de la Bibliothèque de l'École des chartes, 3ᵉ série, t. IV; mars 1853.)

PARIS. — TYPOGRAPHIE DE FIRMIN DIDOT FRÈRES, RUE JACOB. 56.

ESSAI

SUR LA

LANGUE DE LA FONTAINE,

PAR

CH. MARTY LAVEAUX.

> Le maniement et emploite des beaux esprits donne prix à la langue, non pas l'innovant tant, comme la remplissant de plus vigoreux et divers services, l'estirant et ployant.
> (MONTAIGNE, *Essais*, liv. III, ch. 5.)

PARIS,

J. B. DUMOULIN,

LIBRAIRE DE LA SOCIÉTÉ DE L'ÉCOLE IMPÉRIALE DES CHARTES,
QUAI DES AUGUSTINS, 13.

1853.

ESSAI

SUR LA

LANGUE DE LA FONTAINE.

Vocabulaire pour les œuvres de la Fontaine ou explication et définition des mots, locutions, formes grammaticales , etc., employés par la Fontaine et qui ne sont plus usités, par Théodore Lorin, Paris, Comon, 1852, in-8°.

> Le maniement et emploite des beaux esprits donne prix à la langue, non pas l'innovant tant, comme la remplissant de plus vigoreux et divers services, l'estirant et ployant.
> (MONTAIGNE, *Essais*, liv. III, ch. 5.)

Quel sujet que l'examen de la langue de la Fontaine !... c'est l'étude de la langue française elle-même dans tout ce qu'elle a de plus noble et de plus familier, de plus railleur et de plus tendre, de plus simple et de plus élégant. Il ne saurait y avoir pour le public un meilleur centre d'observations. Les auteurs plus modernes lui apprendraient peu de chose, les textes plus anciens le rebuteraient; mais la Fontaine, qui nous a charmés tout enfants, ne peut nous paraître un étranger : nous croyons le comprendre, parce que nous le savons par cœur, et nous sommes très-disposés à écouter de bonne grâce celui qui promet de nous parler de ce charmant écrivain, et de nous aider à le mieux connaître.

Par malheur l'auteur du livre que nous avons sous les yeux a négligé volontairement la partie la plus curieuse de son sujet. Voici comme il s'exprime dans son avertissement : « Ce n'est pas un langage, un style positifs et artistement mesurés qu'il faut employer lorsqu'on veut écrire des fables, des contes, des épigrammes, des poésies fugitives. Aussi, je le répète, le style, le langage de la Fontaine sont-ils en grande partie, du moins je le pense, ce qui le rend inimitable.

« Mais laissons ce raisonnement, ou, si vous voulez, ce *paradoxe*, qui demanderait de trop longs développements, et venons au but que je me suis proposé en composant ce vocabulaire. » Puis il annonce qu'il ne s'occupera que des singularités et des exceptions.

Nous croyons volontiers qu'en sa qualité de fabuliste M. Lorin a longuement réfléchi sur le style de l'apologue ; mais c'est bien à tort qu'il semble se reprocher comme un paradoxe ce qui n'est au fond qu'un lieu commun. Les développements qu'il dédaigne pouvaient seuls donner quelque nouveauté à ses assertions.

Lorsqu'on examine le style d'un grand écrivain, il y a deux excès à éviter. L'un consiste à négliger sa langue habituelle pour s'attacher exclusivement à quelques raretés grammaticales d'une importance secondaire ; l'autre à faire l'histoire approfondie de chaque mot. Il y aurait, ce semble, un milieu à tenir. Il faudrait réserver les remarques étymologiques et grammaticales pour les endroits où elles sont indispensables, et accorder une large place à l'examen des divers procédés qui contribuent à donner au style de nos auteurs classiques une originalité si grande.

Voyons avec quel talent la Harpe se dédommage d'avoir échoué dans l'éloge officiel de la Fontaine ; écoutons Marmontel lorsqu'il oppose la recherche prétentieuse de la Mothe au style si simple de notre fabuliste et qu'il parle de ce dernier avec esprit, avec finesse, et, mieux que tout cela, avec amour. Passionnés pour les beautés, attentifs aux fautes, ils réalisent presque complétement l'idée qu'on doit se faire de ce *sage ami* que Boileau souhaitait au poëte.

Cette extrême sensibilité, justement reprochée à leur temps, et qui, appliquée aux idées morales, n'était exempte ni d'affectation ni même d'hypocrisie, devient pour le critique, pour le grammairien, une qualité précieuse. Il ne reste indifférent à rien, il se laisse entraîner sans scrupule, sans arrière-pensée par tout ce qui lui paraît beau ou touchant ; mais la moindre erreur, la moindre incorrection le choque : parfois même, il faut l'avouer, sa délicatesse ressemble un peu à celle du Sybarite, et il est offensé d'une hardiesse louable ou d'une beauté un peu rude, comme d'un véritable défaut.

Il faudrait savoir rentrer dans cette voie, tout en tâchant d'éviter l'exagération. Les critiques de nos jours n'ont point, comme la Harpe et Marmontel, l'avantage d'une tradition presque immédiate, dont à coup sûr ils sauraient mieux profiter; mais l'étude les a encore plus rapprochés du dix-septième siècle que le temps ne les en a éloignés. Aujourd'hui la langue de cette époque est assez bien connue pour qu'un philologue exercé puisse expliquer les irrégularités apparentes, éclaircir les constructions obscures, fixer approximativement l'âge des mots; toutefois, s'il veut que son travail offre un intérêt réel, il doit, en outre, distinguer avec soin les divers éléments dont le style de son auteur se compose, examiner avec quel art il les a combinés, et chercher à pénétrer le secret de son talent.

Nul poëte ne prêtait autant que la Fontaine à ce genre d'étude; il accepte plus complétement que tout autre le vocabulaire de son temps; il ne blâme pas, comme Boileau ou Molière, les affectations à la mode, et sait au besoin s'en servir et se les faire pardonner. En adoptant le langage de la cour, il ne fuit ni les provincialismes ni même les patois; souvent il emprunte des expressions à ses prédécesseurs pour rendre plus fidèlement toutes les nuances de sa pensée; parfois enfin nous surprenons avec étonnement dans ses vers une alliance de mots qui semble appartenir à l'un de nos contemporains. Nous ne pouvons songer à recueillir ici tous les passages que ses œuvres nous fourniraient à l'appui de nos assertions; nous nous contenterons de soumettre au lecteur un certain nombre d'exemples. Dans le cours de cette revue, nous rencontrerons fort rarement M. Lorin sur notre route, car ce sont précisément ses omissions que nous nous proposons d'indiquer; mais en terminant nous reviendrons à son livre pour l'examiner en lui-même.

I.

Nous n'entreprendrons pas de justifier la Fontaine comme maître des eaux et forêts, ni d'établir contre Furetière qu'il ait su bien nettement ce que c'est que bois de *grume* et que bois de *marmenteau* [1]; mais l'étude même la plus superficielle de ses œuvres prouve qu'il connaît à fond le vocabulaire de l'économie ru-

1. Epigr. vii, 7.

rale, et une des nouveautés de son style si abondant en nouveautés est d'avoir transporté dans la littérature la portion la plus naïve et la plus pittoresque de ce langage. Il dit fréquemment faire l'*août* pour faire la moisson :

> Je vous paierai, lui dit-elle,
> Avant l'*oût*, foi d'animal,
> Intérêt et principal [1].

> Remuez votre champ dès qu'on aura fait l'*oût* [2],

> L'*oût* arrivé, la *touzelle* est *sciée* [3].

Après avoir rapporté les deux premiers exemples que nous venons de citer, M. Lorin termine en disant : « Je regrette avec Voltaire que nous n'ayons pas, comme le faisaient les anciens écrivains français, conservé à ce mois son ancien nom d'*auguste*. »

C'est là, il faut l'avouer, un rapprochement bien malheureux ; rien ne peut mieux faire ressortir ce que la réforme réclamée par Voltaire avait d'inconsidéré que les passages de la Fontaine où le mot *août* entre dans des gallicismes si élégants. Qui s'aviserait de dire ?

> Remuez votre champ dès qu'on aura fait l'*auguste*.

Voltaire aurait certes reculé devant une semblable conséquence ; du reste, quoiqu'il fût assez peu versé dans la littérature du moyen-âge, il n'a jamais prétendu que nos anciens écrivains se soient servis du mot *auguste* pour désigner le mois d'*août*, et il savait fort bien qu'il proposait une innovation ou plutôt un retour à la tradition latine.

Quant aux mots *scier* et *touzelle*, qui se trouvent dans un des vers que nous venons de citer, ils appartiennent aussi tous deux au langage de l'agriculture. Dans le récit de Rabelais, que la Fontaine imite ici, c'est *seier* [4] qui est employé ; on disait aussi plus anciennement *soier*, et cette dernière forme, qui se

---

1. Liv. I, fab. 1, 12.
2. Liv. V, fab. IX, 10.
3. Liv. IV, f. V, 80.
4. *Pantagruel*, liv. IV, ch. XLVI.

trouve dans Beaumanoir [1] et dans le *Ménagier de Paris* [2], est la seule en usage parmi les cultivateurs du département de la Seine.

La *touzelle* est une sorte de froment dont l'épi est sans barbe ; ce mot paraît tiré du vieux verbe *touzer*, tondre, qui se trouve encore dans Marot.

Le nom de ce grain assez peu connu est d'un excellent effet dans le conte où il est placé, car il rend plus vraisemblable la méprise du diableteau qui

> N'avoit encore tonné que sur les choux [3],
> « Et ne scavoit ne lire ne escripre [4]. »

Et l'on conçoit fort bien qu'il réponde :

> ... Comment dis-tu ? ... *Touzelle ?*
> Mémoire n'ai d'aucun grain qui s'appelle
> De cette sorte [5].

Les instruments aratoires sont spécifiés sans circonlocution et par leur nom particulier :

> Bon villageois à qui pour toute terre,
> Pour tout domaine, et pour tout revenu,
> Dieu ne donna que ses deux bras tout nus,
> Et son *louchet* dont pour tout ustensille
> Pierre faisoit subsister sa famille [6].

Suivant l'Académie, le louchet est une « sorte de hoyau, » et le hoyau une « sorte de houe à deux fourchons, propre à fouir la terre. » Dans Furetière, la définition est semblable, mais la description toute différente ; l'article est ainsi rédigé : « Espèce de hoyau propre pour fouir la terre, qui est plat et tiré en droite ligne avec son manche, qui ressemble à une pelle. »

Au lieu de dire que le *louchet* est une sorte de hoyau, il fallait dire que c'est une sorte de bêche.

Olivier de Serres, parlant d'un travail qui doit être fait à la

1. XII, 11, et XXXII, 23.
2. Distinct. 11, art. 2, t. II, p. 48.
3. Liv. IV, c. v, 45.
4. *Pantagruel*, au lieu cité.
5. 64.
6. Liv. IV, c. x, 23.

6

pelle ferrée, ajoute qu'on la nomme « en France *besse* et en Languedoc *luchet* [1]. » Les auteurs du vocabulaire provençal publié à Marseille en 1785 traduisent *louchet* par le mot patois *lichet*, et remarquent qu'en français cet instrument est communément appelé *bêche*. Ménage observe qu'on nomme *louchet*, en quelques endroits de Normandie, ce qu'on appelle à Paris une *bêche*. Enfin on trouve, dans Monstrelet, « *louchez*, et autres instrumens pour reffaire et ahonnier les chemins [2]. »

Un instrument à deux fourchons serait très-peu propre à cet usage, et il est évident qu'il s'agit ici d'une bêche ou d'une pelle de fer comme en ont encore aujourd'hui les cantonniers et les soldats du génie.

Pour tout concilier, l'*Encyclopédie* et la plupart des lexicographes postérieurs ont défini le louchet : sorte de hoyau ou de bêche; mais leur description, comme celle de Furetière, se rapporte toujours à ce dernier instrument.

Quelle que soit d'ailleurs l'opinion des dictionnaires, la Fontaine entendait désigner ici la bêche, car il indique l'outil dont il parle comme le seul que possédât son héros, qui était ce que nous appelons à Paris un *maraîcher*, et à qui, par conséquent, la bêche était indispensable. Le boyau n'aurait pu servir d'instrument principal qu'à un vigneron.

Dans une des fables de la Fontaine, un philosophe scythe visite un sage agriculteur et le trouve qui,

> la serpe à la main,
> De ses arbres à fruit retranchoit l'inutile,
> *Ébranchoit, émondoit*, ôtoit ceci, cela [3].

Ces mots sont toujours employés avec le plus rigoureux à-propos. *Ébrancher* est un terme très-général qui signifie seulement ôter des branches, soit, comme ici, afin de soulager l'arbre, soit tout à fait au hasard, comme dans cet autre exemple :

> Un jour dans son jardin il vit notre écolier,
> Qui, grimpant sans égard sur un arbre fruitier,
> Gâtoit jusqu'aux boutons, douce et frêle espérance,
> Avant-coureurs des biens que promet l'abondance :
> Même il *ébranchoit* l'arbre [4] . . . .

1. *Théâtre d'agricult.*, 3ᵉ éd.; Paris, 1605, in-4°, p. 36.
2. Edit. de 1572, vol. I, fol. 18.
3. Liv. XII, fab. xx, 8.
4. Liv. IX, fab. v, 12.

Émonder, au contraire, a un sens beaucoup plus restreint.
« C'est, suivant Olivier de Serres, oster le mort et rompu [1]. »
C'est pour cela que la Fontaine, rappelant les justes plaintes de
l'arbre contre l'homme, s'écrie :

> Que ne l'*émondoit-*on, sans prendre la cognée [2] ?

Le philosophe scythe ne fait point ces utiles distinctions. De
retour chez lui,

> Il *tronque* son verger contre toute raison,
> Sans observer temps ni saison,
> Lunes ni vieilles ni nouvelles.

Cette expression : *tronquer* son verger, fort conforme à l'étymologie, n'est cependant pas autorisée par l'Académie, qui n'admet *tronquer* au propre qu'en parlant des statues.

Non-seulement la Fontaine emploie le mot *enter* dans son sens
primitif, comme dans ce passage :

> Le troisième tomba d'un arbre
> Que lui-même il voulut *enter* [3] ;

mais dans une de ses lettres à sa femme, il décrit ainsi l'abord
de Bellac :

> Ce sont morceaux de rochers
> *Entés* les uns sur les autres,
> Et qui font dire aux cochers
> De terribles patenôtres [4].

Et dans *Psyché* il dit avec encore plus de hardiesse : « Ce visage
d'Éthiopienne *enté* sur un corps de Grecque sembloit quelque
chose de fort étrange [5]. »

Notre auteur a fort à propos conservé le mot *ramée*, si pittoresque et si poétique :

> Un pauvre bûcheron tout couvert de *ramée* [6].

Ce terme et le mot *rameau* sont les seuls appartenant à cette fa-

1. Pag. 722.
2. Liv. X, fab. ii, 77.
3. Liv. XI, fab. viii, 33.
4. 19 septembre 1663. Tom. II, p. 667, édit. de M. Walckenaer ; Paris, Lefèvre,
1838, 2 vol. in-8°.
5. Liv. II, tom. II, p. 171.
6. Liv. I, fab. xvi, 1.

mille qui soient encore en usage pour désigner des branches, du feuillage.

Ramure se disait autrefois de toute la tête d'un arbre. « Esmunder, eslaguer, étester, sont les œuvres convenables à la *rameure* des arbres avancés, qu'on emploie pour abaisser l'orgueil des jeunes et luxurieux arbres, et hausser le cœur aux vieux et langoureux [1]. »

Du temps de la Fontaine, il ne s'employait déjà plus qu'en parlant du bois du cerf :

> ..... pas un d'aventure
> N'aperçut ni cor ni *ramure*,
> Ni cerf enfin [2].

Nous voyons, dans du Cange, qu'on appelait *cerf ramage* celui dont la ramure était poussée.

Ce mot *ramage*, qui ne signifie plus aujourd'hui branchage que lorsqu'il s'agit du dessin d'une étoffe ou d'un papier, était jadis d'un usage très-fréquent ; il se disait du droit fiscal au moyen duquel on était autorisé à couper du bois dans une forêt seigneuriale ; il s'employait aussi en parlant de ce que nous appelons encore les branches diverses d'une famille, témoin cet aphorisme de Loisel : « Où *ramage* défaut, lignage succède [3]. » Le lien commun qui réunit ces diverses acceptions est facile à découvrir, mais on ne devine point tout d'abord pourquoi on a appliqué ce terme au chant des oiseaux. Il faut remarquer que nous appelons encore *ramiers* les pigeons qui nichent sur les arbres, et que jadis on désignait tous les oiseaux qui n'étaient pas privés sous le nom d'*oiseaux ramages*. L'auteur inconnu du *Ménagier de Paris* commence ainsi un long morceau dans lequel, prêchant aux femmes une soumission bien plus absolue que celle exigée depuis par Arnolphe, il raconte l'histoire de tous les chiens célèbres, pour leur apprendre ce qu'elles doivent à leurs maris : « Pour monstrer ce que j'ay dit que vous devez estre très-privée et très-amoureuse de vostre mary, je mets un exemple rural que mesmes les oiseaulx *ramages* et les bestes privées et sauvaiges, voir les bestes ravissables, ont le sens et industrie de ceste pratique, car les oiseaulx femelles suivent et se tiennent

1. Olivier de Serres, pag. 722.
2. Liv. IV, fab. xxi, 13.
3. *Institutes coutumières*, règle 342, éd. de MM. Dupin et Laboulaye.

prouchaines de leurs masles et non d'autres, et les suivent et vo-
lent après eulx et non après autres [1]. »

Ces rapprochements expliquent comment on a appelé le chant
des oiseaux, *ramage* à cause des rameaux sur lesquels ils chan-
tent. Le sens du mot prouve la justesse de cette étymologie, dé-
fendue par Ménage, Furetière et Charles Nodier. En effet, *ramage* s'applique exclusivement au chant du bois, comme l'observe
le Duchat [2], et ne se dit, suivant la remarque de l'Académie, que
des petits oiseaux.

Aussi quoique la Fontaine nous ait représenté, dans sa seconde
fable ,

> Maître corbeau sur un arbre perché,

il ne serait pas excusable d'employer à l'égard d'un semblable
animal le mot *ramage*, s'il ne faisait parler le renard, qui cherche
à assimiler les cris de celui qu'il veut flatter aux chants harmo-
nieux du rossignol.

Cette nuance a échappé à bien des écrivains que les critiques
du siècle dernier considèrent comme plus exacts que la Fontaine.
On lit dans une des satires de Boileau :

> ... à peine les coqs, commençant leur *ramage*,
> Auront de cris aigus frappé le voisinage [3].

Et Regnard, tenté par cette rime, a dit dans son *Joueur* [4] :

> Il est, parbleu ! grand jour. Déjà de leur *ramage*
> Les coqs ont éveillé tout notre voisinage.

II.

Les gens de la campagne emploient souvent, en parlant d'eux
ou de leur famille, les noms des imperfections ou des maladies
qui surviennent d'ordinaire à leurs animaux. Cette habitude n'a
point échappé à la Fontaine.

Dans un de ses contes, une villageoise, craignant de mettre au
monde un enfant qui n'ait qu'une oreille, s'écrie :

1. Dist. I, art. v, tom. I, p. 91.
2. *Dict. étym.* de Ménage.
3. Sat. VI, 15.
4. Act. I, sc. I, 1.

> Quoi ! d'un enfant *monaut*
> J'accoucherois [1].

Ailleurs, un paysan, vantant sa ménagère, dit :

> Tiennette n'a ni *suros* ni *malandre* [2].

Il faut toutefois remarquer que certaines expressions dont on ne se sert aujourd'hui qu'en parlant des animaux, étaient jadis d'un usage beaucoup plus étendu. A l'occasion de ce passage de notre auteur :

> Le beau corps ! le beau *cuir* [3] ! . . . . .

M. Lorin fait la remarque suivante : « *Cuir* ne se dit guère que de la peau des animaux. Quand on s'en sert dans le style familier, en parlant de la peau de l'homme, c'est presque toujours par dérision. »

Dans ce passage de d'Aubigné :

> Le fin *cuir* transparent qui trahit sous la peau
> Mainte veine en serpent, maint arthère nouveau [4].

il serait bien difficile de trouver quelque apparence de dérision.

Ce terme était d'un usage habituel dans le langage médical. Ambroise Paré dit : « La graisse d'oye... est propre pour lénir et adoucir l'aspérité du *cuir* [5]. »

Il s'est même conservé dans certaines locutions de ce genre, telles que : entre *cuir* et chair, *cuir* chevelu, etc.

Ce n'est qu'assez tard que toutes les nuances introduites par la délicatesse moderne ont décidément prévalu. D'Aubigné, que nous venons de citer, employait *pis* dans le sens général de poitrine :

> Sur ton *pis* blanchissant ta race se débat [6].

Le même poëte se servait aussi du mot *poil* pour désigner la chevelure :

> Et ce fâcheux apprest pour qui le *poil* vous dresse
> C'est ce qu'à pas contez traîne à soi la vieillesse [7].

1. Liv. II, c. I, 29.
2. Liv. IV, c. III, 61.
3. Liv. IV, c. VIII, 40.
4. *Tragiques*, 1616, in-4º, liv. III, p. 104.
5. XIX, III, p. 550, 9e éd.; Lyon, 1732, in-fol.
6. *Tragiques*, liv. I, p. 4.
7. *Ibid.*, liv. IV, p. 155.

Cette dernière expression s'est conservée si longtemps en poésie, que Racine a dit dans *Iphigénie* [1] :

> Entre ces deux partis Calchas s'est avancé
> L'œil farouche, l'air sombre, et le *poil* hérissé.

La Fontaine nous fournit un assez grand nombre d'exemples d'un emploi analogue de ce mot :

> Taille, visage, traits, même *poil* [2].

> Le jour venu, le roi vit ses garçons
> Sans *poil* au front [3] . . . .

> La vieille à tous moments de sa part emportoit
> Un peu du *poil* noir qui restoit,
> Afin que son amant en fût plus à sa guise.
> La jeune saccageoit les *poils* blancs à son tour.
> Toutes deux firent tant que notre tête grise
> Demeura sans cheveux, et se douta du tour.
> Je vous rends, leur dit-il, mille grâces, les belles
> Qui m'avez si bien tondu [4].

Si nous avons cité en entier ce charmant passage, c'est afin de recueillir en passant cette acception encore usitée du mot *tondu* appliqué en plaisantant à l'homme, et surtout pour faire observer avec quel art infini le poëte emploie ici *tête grise* dans le sens propre et dans le sens figuré tout à la fois.

Dans une autre de ses fables, la Fontaine parle de Phébus aux *crins* dorés [5]... C'est encore un souvenir des écrivains du seizième siècle. Les poëtes de la pléiade, en particulier, fournissent à chaque instant des exemples de cette locution.

Au reste si la Fontaine se sert parfois, en parlant des personnes, des termes qui ne s'emploient d'ordinaire que lorsqu'il est question des animaux, il lui arrive encore plus souvent d'appliquer aux animaux ceux qui sont réservés pour les personnes. On trouve dans les *Réflexions sur l'usage présent de la langue française* d'Andry de Boisregard, publiées en 1689, un article intitulé : *Parties des animaux*, où l'auteur pose en principe qu'en

1. Act. V, sc. vi, 24.
2. Liv. IV, c. viii, 247.
3. Liv. II, c. iv, 133.
4. Liv. I, fab. xvii, 18.
5. Liv. V, fab. vi, 6.

parlant de tous ceux qui ont le pied de corne, on dit *pied*, et non *patte*.

Pendant fort longtemps cette règle a été fidèlement reproduite de traité en traité; mais, selon Collin d'Ambly, si l'on fait usage du mot *pied*, c'est parce que cette partie sert de soutien, et l'on doit employer le mot *patte* en parlant des animaux qui s'en servent pour prendre, pour saisir. Cette dernière explication se rapproche davantage de la suivante, donnée par l'Académie :

« PATTE. Il se dit du pied des animaux quadrupèdes qui ont des doigts, des ongles ou des griffes, et de celui de tous les oiseaux, à l'exception des oiseaux de proie. »

Girault-Duvivier remarque toutefois que Buffon dit souvent le *pied* d'un écureuil, d'une grenouille, d'un crapaud [1] ; il a fait sagement, dans l'intérêt de la règle, de ne pas poursuivre cet examen.

Notre poëte dit aussi le *pied* de la grenouille, de la tortue :

> La grenouille à cela trouve un très-bon remède :
> Le rat fut à son *pied* par la patte attaché [2].

> La tortue y voulut courir :
> La voilà comme eux en campagne,
> Maudissant ses *pieds* courts avec juste raison [3].

La Fontaine et Buffon disent toujours les *pieds* du loup [4]. Il est vrai que cet animal parle ainsi à la cigogne :

> Ne tombez jamais sous ma *patte* [5] ;

mais c'est là une locution familière qui ne tire pas à conséquence pour l'usage habituel.

Ailleurs notre fabuliste nous peint le hibou qui

> ne trouve que les *pieds*
> De ses chers nourrissons [6] ...

Puis le pigeon qui a quitté son compagnon pour voyager :

> Traînant l'aile et tirant le *pied* [7].

1. *Grammaire des gramm.*, 9e éd., p. 1073.
2. Liv. IV, fab. XI, 22.
3. Liv. XII, fab. XV, 98.
4. Liv. III, fab. III, 12; liv. IV, fab. XVI, 31. — Buffon ; Paris, Eymery, 1825, XIII, p. 53.
5. Liv. III, fab. IX, 17.
6. Liv. V, fab. XVIII, 32.
7. Liv. IX, fab. II, 58.

Il ne faut point trop s'étonner de voir ce mot appliqué même à des oiseaux ; le naturaliste est encore ici d'accord avec le poëte. Buffon dit, en parlant du faisan : « Chaque *pied* est muni d'un éperon court et pointu [1], » et de la pie du Sénégal : « Le bec, les *pieds* et les ongles sont noirs, comme dans la pie ordinaire [2]. »

Aucune de ces infractions à l'usage habituel n'a été signalée par les commentateurs; mais à propos de ce vers de la fable intitulée *le Milan et le Rossignol :*

Un rossignol tomba dans ses *mains* par malheur [3].

Chamfort s'exprime ainsi : C'est une métaphore, pour dire en son pouvoir; autrement il faudrait, dans ses *griffes;* sur quoi Solvet fait observer que c'est ici un résultat de cette identification des animaux et de l'homme si fréquente chez la Fontaine ; il ajoute qu'à prendre les choses à la rigueur, ce serait le mot *serres*, et non le mot *griffes*, qu'il faudrait substituer à *main.*

Cet argument de Solvet n'a pas désarmé Charles Nodier. A l'occasion de ce passage de la fable intitulée : *l'Oiseleur, l'Autour et l'Alouette :*

Elle avoit évité la perfide machine
Lorsque, se rencontrant sous la *main* de l'oiseau,
Elle sent son ongle maline [4].

Il remarque qu'on ne dit pas la *main* de l'oiseau [5].

Il est bien étrange que de si bons critiques ne se soient pas doutés que *main* est précisément le terme propre. Entre tous les commentateurs de la Fontaine, M. Lorin est le seul qui s'en soit aperçu. Du reste Andry de Boisregard avait fort bien observé que ce mot se dit de l'épervier, et l'Académie remarque qu'il est en usage dans la fauconnerie pour désigner le pied des oiseaux de proie, que, dans le langage ordinaire, on appelle *serre.*

La Fontaine emploie cette dernière expression en parlant du vautour [6], du milan [7] et de l'autour [8]; dans le passage suivant,

1. Tom. XIX, p. 237.
2. Tome XIX, p. 500.
3. Liv. IX, fab. XVIII, 4.
4. Liv. VI, fab. XV, 10.
5. *Examen critique des Dictionnaires.*
6. Liv. IX, fab. II, 44.
7. Liv. XII, fab. XII, 57.
8. Liv. V, fab. XVII, 26.

il l'applique même à l'ours, par une analogie assurément fort juste, mais que l'usage habituel ne justifie pas :

> ... que t'a-t-il dit à l'oreille ?
> Car il t'approchoit de bien près,
> Te retournant avec sa *serre* [1].

Ailleurs, il nous présente un autre ours qui

> Vous *empoigne* un pavé [2].

Cette expression singulière est encore justifiée par Buffon ; il dit, en parlant du même animal : « Il a les *jambes* et les *bras* charnus..... Il frappe avec ses *poings* [3]. »

La Fontaine, non content d'appliquer aux animaux les expressions ordinairement réservées pour les personnes, s'en sert aussi en parlant des arbres ; ainsi il dit :

> ... tel arbre géant
> Qui déclare au soleil la guerre,
> Ne vous vaut pas,
> Bien qu'il couvre un arpent de terre
> Avec ses *bras* [4].

Dans la fable intitulée *le Chêne et le Roseau*, qui est tout entière écrite avec une audace si continuellement naturelle qu'on ne l'aperçoit qu'à force de réflexion, le chêne parle de son *front* et même de ses *pieds*.

Parfois, par une métaphore encore plus audacieuse, notre poëte personnifie les autres objets inanimés et s'élève tout à coup au style le plus sublime. Tantôt il nous dépeint un mont :

> Qui menace les cieux de son superbe *front* [5].

Tantôt, parlant de Dieu, il s'écrie :

> Auroit-il imprimé sur le *front* des étoiles
> Ce que la nuit des temps enferme dans ses voiles [6] ?

1. Liv. V, fab. xx, 36.
2. Liv. VIII, fab. x, 53.
3. T. XIII, p. 347.
4. *Psyché,* liv. I, tom. I, p. 351.
5. Liv. X, fab. xiv, 16.
6. Liv. II, fab. xiii, 21.

Il a si bien le secret de prendre tous les tons, qu'il se sert fort à propos de la même tournure pour répandre dans ses lettres familières cette espèce d'enjouement recherché dont Voiture a donné le modèle et qui éclate à chaque instant dans la correspondance de madame de Sévigné.

Il écrit à sa femme : « Ce n'est point une petite gloire que d'être pont sur la Loire, on voit à ses *pieds* rouler la plus belle des rivières [1]. » A quelques jours de là, il s'exprime ainsi dans sa description du château de Richelieu : « La retenue des terres est couverte d'une palissade de philyréa apparemment ancienne, car elle est *chauve* en beaucoup d'endroits [2]. »

Cette dernière expression nous semble fort étrange ; elle ne l'était pas pour les contemporains de la Fontaine. L'*Astrée* de d'Urfé, qu'ils lisaient fréquemment, les avait accoutumés à des hardiesses analogues, mais beaucoup plus grandes ; on en jugera par ce passage : « Sur le panchant du vallon voisin... il s'esleve un boccage espaissi branche sur branche de diverses fueilles, dont les *cheveux* n'ayant jamais esté tondus par le fer, à cause que le bois est dédié à Diane, s'entre-ombrageoient espandus l'un sur l'autre, de sorte que mal-aisément pouvoient-ils estre percez du soleil ny à son lever, ny à son coucher [3]. »

On a déjà remarqué souvent combien notre fabuliste est sévère sur le cérémonial ; c'est toujours *sire loup* [4], *monseigneur le lion* [5], ou même avec la particule, *monseigneur du lion* [6]. La hiérarchie ainsi établie, la Fontaine ne manque presque jamais de s'y conformer. Une fois le rat est appelé *sire rat ;* mais c'est dans la fable où il sauve le lion des rets du chasseur, et l'on doit supposer que c'est ce qui lui vaut ses titres de noblesse. Le rang du cheval n'est pas aussi rigoureusement assigné ; il est vrai que le renard s'exprime ainsi :

> J'ai l'honneur de servir *nosseigneurs* les chevaux [7];

mais il est bien capable de leur supposer, par flatterie, un titre

1. 30 août 1663. T. II, p. 634.
2. 12 septembre 1663. Tom. II, p. 660.
3. Ire part., liv. V, p. 209, édit. de 1612, in-4°.
4. Liv. I, fab. v, 6, 13 ; fab. x, 10.
5. Liv. IV, fab. xii, 35.
6. Liv. VII, fab. vii, 26.
7. Liv. V, fab. viii, 26.

imaginaire ; quant au poëte, il dit : *Dom coursier* [1] ; il donne aussi ce titre de *dom* au pourceau [2] ; et, quelque bonne volonté qu'on y mette, il est difficile de voir là, de sa part, une simple distraction. Toutefois, bien que chez la Fontaine les dignités des animaux soient marquées avec un soin scrupuleux, les commentateurs ont peut-être été parfois trop ingénieux à cet égard, et semblent lui avoir prêté des idées qu'il n'a jamais eues. MM. Walckenaer et Géruzez pensent avoir découvert une dynastie de Rodilards. Ils se fondent sur ce passage :

> J'ai lu, chez un conteur de fables,
> Qu'*un second Rodilard,* l'Alexandre des chats,
> L'Attila, le fléau des rats,
> Rendoit ces derniers misérables [3].

Là-dessus on nous dit : « La Fontaine n'oublie pas ses héros : il se rappelle ici le *chat nommé Rodilardus* de la fable II du second livre, qui appartient à une époque antérieure. Voilà de la chronologie pour plus d'authenticité. » Nous ne saurions souscrire à une semblable explication. Si le poëte eût voulu indiquer l'ordre de succession monarchique, il eût dit *Rodilard second,* et non un *second* Rodilard. Ce mot, placé ainsi avant le substantif, a souvent le sens d'*autre,* de *nouveau.* L'Académie ne l'indique pas nettement, mais les exemples abondent ; nous nous contenterons de rappeler ces vers de Racine :

> Qu'ils cherchent dans l'Épire une *seconde* Troie [4].

> Qu'on fasse de l'Épire un *second* Ilion [5].

Il n'y a point là de chronologie ; il n'y en a pas davantage dans le passage de la Fontaine. Le fabuliste veut seulement dire que le chat dont il parle égalait Rodilard en courage. Si d'ailleurs il pouvait rester un doute à ce sujet, il serait levé sur-le-champ par les expressions qui complètent sa pensée : *l'Alexandre des chats, l'Attila, le fléau des rats.*

Il entre nécessairement dans le plan de la Fontaine de profiter

1. Liv. **V,** fab. **VIII,** 16.
2. Liv. **VIII,** fab. **XII,** 7.
3. Liv. **III,** fab. **XVIII,** 1.
4. *Andromaque,* act. **I,** sc. **II,** 88.
5. *Id.,* act. **II,** sc. **II,** 88.

de tous les termes qui contribuent à amener une assimilation aussi complète que possible entre l'homme et les animaux. Dans une de ses fables la mouche dit à Jupiter :

Je hante les palais, je m'*assieds* à ta table [1].

Une fois ce langage adopté, il est tout simple que le cerf dise au lion : « Votre digne *moitié* [2]; » mais on est un peu choqué lorsque le poëte, parlant en son propre nom, appelle la lionne, dans la *Captivité de S. Malc* [3],

La cruelle *moitié* du monstre de Libye.

La gravité du sujet ne permet pas de penser qu'il y ait ici une intention plaisante; il faut donc supposer que dans ce passage, comme dans quelques autres de ses œuvres diverses, notre poëte s'est laissé entraîner par des habitudes de style qu'il avait contractées en composant ses fables, et qui ne se trouvent pas aussi heureusement appropriées à d'autres sujets.

III.

Les récits relatifs à la chasse et à la pêche occupent nécessairement une grande place dans les œuvres d'un fabuliste. Plus érudit sur ce point que Molière, qui, pour mettre en scène M. de Soyecourt dans les *Fâcheux*, était obligé de demander des renseignements à sa victime [4], notre poëte emploie fort à propos les termes de l'art. Presque tous ces mots du vocabulaire de la vénerie et de la fauconnerie ont passé dans le langage familier, et il est assez piquant de les trouver chez la Fontaine dans leurs deux sens. Il nous dit, en parlant des chasseurs qui traitent de la peau de l'ours :

Ils conviennent de prix et se *mettent en quête* [5].

Cette expression est aussi appliquée aux souris cherchant

1. Liv. IV, fab. iii, 7.
2. Liv. VIII, fab. xiv, 41.
3. 479.
4. Taschereau, *Vie de Molière*, 3ᵉ édit., p. 40.
5. Liv. V, fab. xx, 12.

leur pitance [1], puis elle est employée figurément dans d'autres endroits en parlant d'une femme qui veut retrouver son mari [2] et d'un mari qui court après sa femme [3]. Ailleurs, notre poëte nous peint le chien qui vient sur l'herbe *éventer* la trace des pas de la gazelle [4]. Dans son poëme d'*Adonis*, parlant de l'affreux sanglier qui doit causer la mort de son héros, il dit :

> Dryope la première *évente* sa demeure [5].

Ces expressions sont employées figurément dans les passages qui suivent :

> Amour est mort : le pauvre compagnon
> Fut enterré sur les bords du Lignon ;
> Nous n'en avons ici ni *vent* ni *voie* [6].

> Il en vint au curé quelque *vent* [7].

Certaines de ces locutions ne se trouvent pas au propre chez la Fontaine, mais s'y rencontrent au figuré ; on y chercherait vainement le mot *brisées*, appliqué aux branches que le veneur rompt aux arbres pour reconnaître l'endroit où est la bête, mais dans une lettre à M. de Sillery, après une courte excursion hors de son domaine ordinaire, notre poëte dit :

> Il faut reprendre nos *brisées* [8].

Après nous avoir fait assister à la quête et nous avoir montré les chiens *éventant* les traces de l'animal, il nous les fait bientôt voir lançant la bête [9], et les détails de la chasse, et surtout de la chasse au cerf, sont décrits avec la plus grande exactitude. Les plus attachantes peut-être de toutes ces descriptions sont celles qu'on rencontre dans le discours en vers qui commence le dixième livre. Notre auteur, cherchant à plaire à madame de la Sablière, expose les principes de Descartes, et paraît considérer, avec ce

1. Liv. III, fab. xviii, 27.
2. *Psyché*, II, tom. II, p. 429.
3. *La Coupe*, sc. vii, p. 764.
4. Liv. XII, fab. xv, 65.
5. 340.
6. Liv. III, c. iii, 50.
7. Liv. IV, c. iii, 86.
8. Tom. II, p. 759.
9. Liv. IV, fab. iv, 48 ; *Adon.*, 340.

philosophe, les animaux comme de pures machines, jusqu'au moment où, entraîné à donner des exemples de leur intelligence, il termine en s'écriant :

> Qu'on m'aille soutenir, après un tel récit,
> Que les bêtes n'ont point d'esprit [1].

Voici un de ces admirables passages :

> L'animal chargé d'ans, vieux cerf et de *dix cors*
> En *suppose* un plus jeune, et l'oblige par force
> A présenter aux chiens une nouvelle amorce.
> Que de raisonnements pour conserver ses jours !
> Le retour sur ses pas, les malices, les tours,
>   Et le *change*, et cent stratagèmes
> Dignes des plus grands chefs, dignes d'un meilleur sort !
>   On le déchire après sa mort :
> Ce sont tous ses honneurs suprêmes.

Le *cerf dix cors* est le cerf de sept ans, le plus recherché dans les chasses ; aussi Dorante dit-il dans les *Fâcheux* [2] :

> ... nous conclûmes tous d'attacher nos efforts
> Sur un cerf, que chacun nous disoit *cerf dix cors ;*
> Mais moi, mon jugement, sans qu'aux marques j'arrête,
> Fut qu'il n'était que cerf à *sa seconde tête.*

C'est-à-dire, qu'il n'avait que trois ans, qu'il avait **deux fois** renouvelé sa ramure. Les *cors* sont les cornes qui sortent des perches ou bois du cerf. Il est surprenant que l'Académie, au mot *cerf*, ait mis dans ses exemples *cerf dix cors*, et qu'au mot *cor* elle n'ait point expliqué cette acception.

Quant au mot *supposer*, il a dans les vers que nous venons de citer le sens de *substituer.*

Lorsqu'un animal fait seulement perdre sa trace aux chiens, on dit, en vénerie, qu'il les met *en défaut* [3], qu'ils sont *en faute* [4]. Lorsqu'il parvient à se faire remplacer par un autre, c'est ce qu'on appelle le *change*, comme on le voit dans l'exemple cité plus haut. Ces deux expressions techniques se trouvent dans ces jolis vers où il est question d'un renard :

1. Liv. X, fab. i.
2. Sc. vii, v. 13.
3. Liv. IX, fab. xiv, 26.
4. Liv. V, fab. xv, 4.

> Je crois voir Annibal, qui, pressé des Romains,
> Met leur chef en *défaut*, ou leur donne le *change* [1].

C'est lorsqu'on pense que les chiens ont perdu la véritable trace par un de ces motifs, qu'il importe de les *rompre*, comme dit encore la Fontaine:

> ... leur maître les *rompit* [2].

Ce qu'on fait en les rappelant, ou en passant au milieu d'eux pendant qu'ils courent. Ce terme, employé figurément dans la langue populaire, signifie traverser un dessein ou interrompre une conversation; nous le trouvons chez la Fontaine dans le premier de ces deux sens [3]. Quant au dernier vers de la description de la chasse au cerf citée plus haut:

> On le déchire après sa mort,

il s'applique à la *curée*, que la Fontaine appelle ailleurs par son nom:

> Il tombe en ce moment,
> La meute en fait *curée :* il lui fut inutile
> De pleurer aux veneurs à sa mort arrivés [4].

Ce mot ne s'applique au propre qu'aux entrailles de l'animal; dans les vers suivants il a le sens général de *proie :*

> Eh! qu'importe quel animal [5] ?
> Dit l'un de ces mâtins? Voilà toujours *curée?*

Il a la même signification dans un autre passage où il s'agit d'une grenouille qui, emportant un rat,

> Prétend qu'elle en fera gorge chaude et *curée* [6].

Ce mot *gorge chaude*, qui ne s'emploie plus qu'au figuré, a en fauconnerie un sens analogue à celui de *curée* en vénerie; il se dit de la viande chaude qu'on sépare du corps de l'animal que l'oiseau de proie vient de prendre, pour la lui donner à manger.

La Fontaine nous peint dans une de ses fables un renard aux

---

1. Liv. XII, fab. xxiii, 32.
2. *Ibid.*, 37.
3. Liv. IV, c. vi, 92.
4. Liv. V, fab. xv, 10.
5. Liv. VIII, fab. xxv, 20.
6. Liv. IV, fab. xi, 28.

abois [1]. Cette locution si expressive s'applique à la bête qui, accablée de lassitude, s'arrête tout à coup devant les chiens. Son emploi figuré ne manque ni de noblesse ni d'énergie. Les critiques les plus scrupuleux ne pourraient blâmer la Fontaine d'avoir, dans son Discours à l'Académie, représenté Louis XIV réduisant l'hérésie aux derniers *abois*.

Cette image sied bien aussi dans le style familier ; nous comprenons donc parfaitement que notre poëte ait dit :

> Il sembloit à me voir que je fusse aux *abois* [2].

Mais nous ne saurions admettre

> ... *réduire un esprit aux abois* [3].

Cette tournure, que nous ne trouvons du reste que dans une pièce à laquelle Champmeslé a travaillé, nous semble appartenir à cette phraséologie des précieuses, dont la Fontaine ne dédaignait pas toujours de se servir.

Est-il question de chiens en défaut, notre poëte dit :

> Voilà maint basset *clabaudant* [4].

C'est précisément le terme propre en parlant des chiens qui aboient sans être sur les voies de la bête. Il ne manque pas non plus d'appeler *clefs de meute* [5] les chiens les mieux dressés, destinés à conduire les autres. Il se sert du mot *coupler*, qui signifie attacher deux chiens avec un lien appelé *couple* pour les conduire à la chasse :

> ... je vois qu'ils se soucient
> D'avoir chevaux à leur char attelés
> De même taille, et mêmes chiens *couplés* [6].

En parlant d'une chienne de chasse, il emploie ordinairement le mot *lice*, qui est le terme propre [7]. S'il introduit des courriers dans l'une de ses fables, ce sont des *levriers* [8], c'est-à-dire les plus

1. Liv. XII, fab. xxiii, 31.
2. Æpît. XXII, 19.
3. *Je vous prends sans vert*, sc. xiii, 4.
4. Liv. XII, fab. xxiii, 44.
5. Liv. XII, fab. xxiii, 35.
6. Liv. II, c. viii, 8.
7. *Adon.*, 379.
8. Liv. II, fab. xv, 20.

légers des chiens, ceux qui chassent de vitesse. Si un cerf est mis en fuite,

> Un *limier* le fait partir [1].

Mais s'il est question d'un renard ,

> La fumée y pourvut, ainsi que les *bassets* [2].

Les *bassets* sont fort propres à ce genre de chasse, parce que seuls ils peuvent entrer dans les terriers, ce qui les a fait nommer autrement *chiens de terre*. Ces chiens sont originaires de Flandre ou d'Artois ; toutefois ils diffèrent de ceux qu'on appelle proprement *chiens d'Artois* ou *chiens de Boulogne ;* ceux-ci sont, comme les *turquets* [3], des chiens d'appartement; ils forment une variété du *doguin*, de même que les *carlins*, ainsi nommés dans le dernier siècle parce que leur tête ressemble à la figure d'Arlequin, dont l'acteur Carlin jouait le rôle avec le plus grand succès. Comme ces chiens ont le nez très-écrasé, on disait proverbiale ment de quelqu'un qui est fort interdit de se voir trompé dans son attente : Il est *camus en chien d'Artois* [4], *camus comme un chien de Boulogne* [5]. Ces expressions, qui n'ont été recueillies dans aucun dictionnaire, ne se trouvent du reste que dans les ouvrages que la Fontaine n'a pas composés seul, et doivent peut-être être attribuées à Champmeslé.

Au premier abord, on est surpris de voir souvent dans les fables les bergers accompagnés de *dogues* [6] ou de *mâtins ;* mais ces chiens, qui seraient fort inhabiles à conduire les troupeaux, sont excellents pour les défendre contre le loup. La Fontaine, après nous avoir raconté qu'un berger s'est décidé à changer contre deux *mâtineaux* un valeureux dogue, termine en disant :

> Le troupeau s'en sentit, et tu te sentiras
> Du choix de semblable *canaille* [7].

Et dans la fable intitulée : *le Chien qui porte à son cou le dîner de son maître*, il s'exprime ainsi :

1. Liv. VI, fab. IX, 12.
2. Liv. IX, fab. XIV, 30.
3. *Lettres à madame de la Fontaine,* 5 septembre 1663, t. II, p. 644.
4. *Je vous prends sans vert,* sc. XIV, 8.
5. *Ragotin,* act. IV, sc. III, 6.
6. Liv. VIII, fab. XVIII, 39.
7. *Ibid.,* 51.

Et chacun de tirer, le mâtin, la *canaille* [1].

« *Canaille*, dit M. Lorin à l'occasion de ce dernier passage, désigne ici le commun des chiens, ceux de plus petite espèce, que l'on peut considérer en quelque sorte comme la *populace* des chiens, sur lesquels le *mâtin* a, par sa taille et sa force, une supériorité marquée. Le mot *canaille* est ici d'autant plus heureusement employé, qu'il a, comme on le sait, pour racine le latin *canis*, chien. »

On croirait, d'après cette explication, que la Fontaine attribue au mot *canaille* un sens de fantaisie fort éloigné de sa signification primitive, tandis qu'il l'emploie dans son sens propre, suivant l'usage habituel du siècle précédent. D'Aubigné a dit dans ses *Tragiques* [2] :

> Les rois aux chiens flatteurs donnent le premier lieu,
>
> Et de cette *canaille* endormis au milieu
> Chassent les chiens de garde, et nourrissent le vice.

Il est souvent question, dans la Fontaine, de la chasse au piége ou au filet et de la pêche, qui lui fournissent aussi un grand nombre d'expressions figurées.

Le mot *appât* s'applique à la pâture qu'on emploie pour attirer les animaux et en particulier les oiseaux ou les poissons. « Son plus grand plaisir était de présenter un *appast* à ces animaux, et après les avoir pris de les rendre à leur élément [3]. »

> ... quand à quelques-uns l'*appast* serait fatal
> Mourir des mains d'Annette est un sort que j'envie [4].

Le mot *appât* est pris parfois dans un sens figuré, singulièrement rapproché du sens propre :

> Amusez les rois par des songes,
> Flattez-les, payez-les d'agréables mensonges,
> Quelque indignation dont leur cœur soit rempli,
> Ils goberont l'*appast*, vous serez leur ami [5].

Dans les vers suivants, qui peut-être ne sont point de la Fon-

1. Liv. VIII, fab. VII, 27.
2. Liv. II, p. 57.
3. *Psyché*, liv. I, tom. I, p. 376.
4. Liv. X, fab. XI, 22.
5. Liv. VIII, fab. XIX, 52.

taine, la métaphore; moins matérielle pour ainsi dire, est toutefois encore fort sensible :

> Examine-le bien, ce plaisir prétendu
> Dont l'*appast* tâche à te séduire [1].

Boileau donne un conseil analogue en ces termes :

> Craignez d'un vain plaisir les trompeuses *amorces* [2].

Enfin, dans le poëme sur la *Captivité de saint Malc*, on trouve les passages suivants :

> Funeste *appas* de l'or, moteur de nos desseins,
> Que ne peux-tu sur nous, si tu plais même aux saints ?
> ... Fuyez, fuyez mon fils, le monde et ses *amorces;*
> Il est plein de dangers qui surpassent vos forces.
> Fuyez l'or, mais fuyez encore d'autres *appas,*
> On ne sort qu'en fuyant vainqueur de tels combats.

Ces exemples établissent la synonymie des mots *appât* et *amorce*. Ils ont au propre un sens presque identique, et s'emploient fort bien l'un pour l'autre au figuré.

Toutefois, dans le langage de la galanterie, *appas* n'est plus qu'une fadeur sans conséquence; *amorces*, au contraire, conserve une énergie qui lui donne quelque chose d'insultant.

Du temps de Malherbe, *appas* retenait encore une partie de sa signification première.

A l'occasion du vers suivant :

> Déjà leurs *appas* ont un *charme* si fort [3],

Ménage observe que ce poëte fait toujours quelque différence entre ces deux mots; et qu'*appas* se dit des *beautés* qui attirent, et *charme* de celles qui agissent par une vertu occulte et magique; mais ces nuances disparurent de plus en plus.

Nous trouvons, dans un des premiers ouvrages de la Foutaine, une métaphore vicieuse qui prouve que ce mot avait déjà perdu sa valeur étymologique :

> Les sévères *appas* dont vous êtes pourvue,
> Désespèrent les cœurs qu'ils viennent d'enflammer [4].

1. Od. vii, 90.
2. *Art poét.*, i, 27.
3. *Sonnet à monseigneur le Dauphin.*
4. *Eunuque*, act. IV, sc. i, 68.

Il faut avouer que l'image n'est guère plus juste que dans cette phrase critiquée par Bouhours : Prêter l'oreille aux *amorces* [1].

La Fontaine sentait, du reste, mieux que personne le ridicule de ces banalités galantes alors si fort à la mode.

Dans une de ses plus jolies pièces, il plaisante fort agréablement à ce sujet les poëtes de son temps :

> Mais n'est-ce point assez célébrer notre belle ?
> Quand j'aurai dit les jeux, les ris et la séquelle,
> Les grâces, les amours, voilà fait à peu près.
> — Vous pourrez dire encore les *charmes*, les *attraits* ,
> Les *appas*. — Et puis quoi? — Cent et cent mille choses.
> Je ne vous ai conté ni les lis, ni les roses ;
> On n'a qu'à retourner seulement ces mots-là [2].

Les passages précédents, scrupuleusement collationnés sur les éditions originales par un de nos amis dont les connaissances bibliographiques viennent en aide à bien des travaux [3], établissent qu'au singulier la Fontaine écrivait *appast*, quand ce mot était employé au propre, et *appas* lorsqu'il avait un sens figuré. Notre auteur, il est vrai, n'observe point cet usage quand il écrit : Ils goberont l'*appast* ; mais ici l'expression est si vive et met si bien la chose sous les yeux , qu'elle cesse en quelque sorte d'être métaphorique.

L'habitude d'écrire *appas* au singulier, lorsque ce mot est employé figurément, n'est point particulière à la Fontaine. M. Génin, dans son *Lexique de Molière*, en a cité des exemples. Cette coutume établie, il était tout naturel qu'il en fût de même au pluriel.

Dans ce passage :

> Les spectacles, les dons, invincibles *appas*,
> Vous attiroient les cœurs du peuple et des soldats [4],

Racine a mieux aimé se conformer à l'usage général que de rimer pour les yeux en même temps que pour l'oreille.

Enfin, on écrivait souvent *appas* , au pluriel, même lorsque ce

1. *Entretiens d'Ariste et d'Eugène ;* Paris, 1671; in-4°, p. 142.
2. *Clymène*, 462.
3. Voyez : *Catalogue de M. Walckenaer*, n° 1343.
4. *Britann.*, act. IV, sc. ii, 55.

L.   3 mot était employé au propre, et cela sans doute afin d'éviter *appasts* qui avait quelque chose d'un peu choquant pour l'œil.

> ... Ce blé couvroit d'un las,
> Les menteurs et traîtres *appas* [1].

> Quelquefois aux *appas* d'un hameçon perfide,
> J'amorce en badinant le poisson trop avide [2].

On trouve dans le Dictionnaire de Furetière, qui a paru en 1690, l'article suivant, beaucoup plus juste et plus clair que tous ceux qu'on a faits depuis sur le même sujet :

« APPAST, ce qu'on met à un hameçon pour y attirer le poisson. Nicod dérive ce mot de *pastus*... *Appast* se dit figurément des choses morales, de ce qui sert à attraper les hommes, à les inviter à faire quelque chose. *La gloire est un grand* appast *pour les braves. La beauté est un grand* appast *pour engager le cœur des hommes. Cette femme est pleine de charmes et* d'appasts. *La vie solitaire a ses* appasts *et ses charmes.* En ce sens on a accourci le mot, et dit *appas* au lieu d'*appasts*. »

L'Académie de 1694 n'aborde ce terme qu'avec une certaine hésitation. Après l'avoir renvoyé à la racine *paître*, elle le rejette dans le supplément du premier volume de son Dictionnaire. La définition diffère peu de celle de Furetière, mais *appas* a déjà son paragraphe spécial. Aujourd'hui on lui consacre un article entièrement séparé. En en faisant un mot à part, il a fallu lui trouver un sens propre ; par malheur, on a choisi pour en tenir lieu l'acception la plus éloignée de sa signification étymologique.

« APPAS, *s. m. pl.* Il se dit principalement des attraits, des charmes, des agréments extérieurs d'une femme. *Cette femme a des* appas. *Être séduit par les* appas *d'une femme.* Il se dit figurément de certaines choses qui attirent, qui séduisent, qui excitent le désir. *Les* appas *de la volupté.* »

Quelques lignes plus bas, dans l'article *appât*, on trouve l'explication suivante : « Il se dit figurément de tout ce qui attire, qui engage à faire quelque chose. *L'*appât *du gain...* » A coup sûr le lecteur peu lettré doit être fort surpris de l'étrange rapport que présentent deux mots donnés comme si différents.

Tandis qu'il s'étonne, les grammairiens de profession, que

1. Liv. IX, fab. II, 39.
2. *Épître* VI, 29.

rien n'arrête, acceptent tout comme paroles d'Évangile; bien loin de chercher à démêler l'erreur, ils l'augmentent de leurs inventions, et se servent du témoignage de l'Académie pour dresser l'acte d'accusation de nos meilleurs écrivains. Napoléon Landais, par exemple, ajoute au sens propre indiqué par l'Académie au mot *Appas*, une nouvelle acception qu'un lexicographe plus hardi donnera sans doute quelque jour pour la signification primitive. « Ce mot, dit-il, signifie particulièrement : la beauté des formes, et familièrement, plus spécialement encore le sein. » Cette définition, placée au commencement de l'article, le conduit à critiquer ces vers de la Ve cantate de J. B. Rousseau :

> Tous les amants savent feindre :
> Nymphes, craignez leurs *appas*.

Il pose d'un ton magistral le dilemme suivant : « Ou l'auteur a entendu, par *appas*, beauté : or *appas* n'admet aucun sens relatif aux hommes; ou il a entendu moyens de séduction, et dans ce cas c'est *appâts* qui eût été le mot propre. »

Nous n'avons que trop longuement établi qu'*appas* s'est écrit pour *appâts* surtout au figuré, et qu'avant 1694 il n'était pas même permis de l'écrire autrement. Quant à employer *appas* en parlant de la beauté, de la grâce, de la bonne tournure d'un homme, rien ne paraissait aussi légitime, lorsque ce mot n'avait pas encore subi, dans les dictionnaires, toutes les altérations de sens que nous avons signalées.

Ce n'est pas toutefois sans une certaine appréhension que nous rapportons le passage suivant, bien persuadé que nous sommes de le voir reprocher à la Fontaine par nos grammairiens, comme une preuve de plus de son peu de connaissance de la langue française :

> ... si votre majesté
> Est curieuse de beauté,
> Qu'elle fasse venir mon frère :
> Aux plus charmants il n'en doit guère.
> . . . .
> Là-dessus Astolphe répond :
> . . . .
> Voyons si nos beautés en seront amoureuses,
> Si ses *appas* le mettront en crédit [1].

1. Liv. 1, c. 1, 15.

La fauconnerie a fourni un grand nombre d'expressions à la langue ordinaire. Le père Bouhours et, de nos jours, M. Ampère en ont fait, d'après Henri Estienne, une énumération que certains passages de la Fontaine pourraient compléter utilement.

Notre poëte dit en parlant d'un milan :

> Son maître le rappelle, et crie, et se tourmente,
> Lui présente le *leurre*, et le poing, mais en vain[1].

Leurre est ici employé au propre, et s'applique au morceau de cuir façonné en forme d'oiseau dont on se servait pour rappeler l'animal. On conçoit que nos pères aient donné à ce mot le sens de *tromperie*, qu'il a conservé jusqu'à nous :

> L'exemple est un dangereux *leurre*[2].

On trouve aussi dans la Fontaine se laisser *leurrer*[3], pour se laisser tromper.

Enfin, le passage suivant présente une acception très-naturelle du mot *leurrer*, qui n'a été recueillie par aucun lexicographe :

> ... un jeune homme, après avoir en France
> Étudié, s'en revint à Florence
> Aussi *leurré* qu'aucun de par delà[4].

Leurré veut dire ici, bien dressé, bien instruit, rusé, par allusion au faucon dont l'éducation est faite lorsqu'il est accoutumé au *leurre*.

Il faut se garder de croire que le mot *entregent*, qui n'est appuyé dans le dictionnaire néologique de Mercier que par un exemple tiré du viiie livre des *Confessions* de J. J. Rousseau, ait été créé par cet écrivain.

Non-seulement la Fontaine l'a employé[5], mais on le trouve dans les *Tragiques* de d'Aubigné[6]. C'est suivant toute apparence une expression métaphorique empruntée à la fauconnerie ;

1. Liv. XII, fab. xii, 54.
2. Liv. II, fab. xvi, p. 25.
3. Liv. III, c. iii, p. 30.
4. Liv. III, c. i, 22.
5. Liv. II, c. xv, 30.
6. Liv. II, p. 73.

en effet, nous lisons dans un passage du *Ménagier de Paris*, où il est question du jeune oiseau qu'on dresse : « Il vous convient continuer à le tenir souvent sur le poing et *entre gent* tant et si longuement que vous pourrez [1], » et un peu plus loin : « En cest endroit d'espreveterie, le convient plus que devant tenir sur le poing et le porter aux plais et *entre les gens* aux églises et ès autres assemblées [2]. »

IV.

Nous avons vu que les termes de chasse sont souvent employés au figuré dans le langage de la galanterie ; les expressions empruntées à l'art militaire n'y sont pas moins fréquentes. Notre poëte nous en prévient lui-même dans ces jolis vers :

> Je ne connois rhéteur ni maître ès arts
> Tel que l'Amour ; il excelle en bien dire :
> Ses arguments, ce sont de doux regards,
> De tendres pleurs, un gracieux sourire.
> La guerre aussi s'exerce en son empire :
> Tantôt il met aux champs ses étendards ;
> Tantôt, couvrant sa marche et ses finesses,
> Il prend des cœurs entourés de remparts [2].

Ces termes sont fort bien placés dans le récit des *Amours de Mars et de Vénus*, qui forme le neuvième fragment du *Songe de Vaux* :

> Vous devez avoir lu qu'autrefois le dieu Mars,
>> Blessé par Cupidon d'une flèche dorée,
> Après avoir dompté les plus fermes remparts,
>> *Mit le camp* devant Cythérée.
> Le *siége* ne fut pas de fort longue durée.
>> A peine Mars se présenta,
>> Que la belle *parlementa*.
>> . . . .
>> . . . .
> En peu de temps Mars emporta la dame.

1. Tom. II, p. 290.
2. P. 296.
3. Liv. V, c. III, 1.

> Il la gagna peut-être en lui contant sa flamme :
> Peut-être conta-t-il ses siéges, ses combats,
> Parla de contrescarpe, et cent autres merveilles
> Que les femmes n'entendent pas,
> Et dont pourtant les mots sont doux à leurs oreilles.

La Fontaine donne ici au dieu Mars les habitudes des officiers du dix-septième siècle. Semblables aux marins de nos comédies de second ordre, ils avaient sans cesse à la bouche les termes de leur profession. Le commandeur que Callières introduit dans son livre intitulé : *Des mots à la mode*, insiste sur ce travers. « Il y en a plusieurs qui, voulant exprimer leur attachement pour une dame ou quelques autres desseins particuliers, ne parlent que d'*attaquer la place dans les formes*, de *faire les approches*, de *ruiner les défenses*, de *prendre par capitulation* ou d'*emporter d'assaut*. »

Notre poëte, qui sait profiter de tout pour donner du mouvement à son style, se sert très-volontiers de ces locutions. Il lui arrive de comparer une jeune fille à une *place* de guerre[1], de nommer l'amant l'*assiégeant* [2], de nous le représenter changeant de *batterie* [3] ; il parle de l'*artillerie* de Cupidon [4], de Caliste l'*inexpugnable*, dont la chasteté *plia* [5], et de l'enfant qui fait des *brèches* dans les cœurs [6]. Dans un de ses contes, il nous peint deux soupirants ravis d'être introduits dans la maison de leur belle et

> ... croyant *ville gagnée* [7].

Enfin, il écrit à madame d'Hervart :

> Je pourrois bien quelque jour
> Laisser mon cœur en *otage* [8].

Il considère les grandes réunions comme de véritables champs de batailles pour les dames. « Je dirai en passant que l'offense la plus irrémissible parmi ce sexe, c'est quand l'une d'elles en *défait*

1. Liv. III, c. ii, 283.
2. Liv. IV, c. xv, 56.
3. Liv. III, c. iv, 297.
4. Liv. II, c. v, 170.
5. Liv. III, c. iv, 305.
6. *Daphné*, act. 1, sc. iii, 2i.
7. Liv. III, c. iii, 67.
8. 1691. Tom. II, p. 757.

une autre en pleine assemblée [1]. » D'après cela, on doit trouver tout naturel qu'il dise d'une femme qu'elle va *en conquête* [2], et qu'il emploie, dans un sens analogue *conquérante* [3], que l'Académie n'indique pas avec cette signification.

Dans le passage suivant les disputes des amants sont comparées tout à la fois à des combats et à des discussions judiciaires :

> Ce ne sont que *procès,* que querelles d'un jour,
> Que *trêves* d'un moment, ou quelque *paix fourrée* [4].

Il arrive assez souvent à notre poëte de mêler les termes du Palais à ceux de la galanterie.

Dans une relation de la fête de Vaux, adressée à M. de Maucroix, il dit en parlant de la pièce des *Fâcheux :* « Tout cela fait place à la comédie, dont le sujet est un homme arrêté par toutes sortes de gens sur le point d'aller à une *assignation* amoureuse [5]. » Ici encore la Fontaine a suivi l'usage général de son temps, et Furetière rapporte, dans son *Dictionnaire,* plusieurs exemples analogues à celui que nous venons de citer. Il serait plus difficile de trouver à cette époque le mot *semonce* employé dans le sens que lui donne notre auteur dans les vers suivants :

> De tous côtés se trouvant assaillie,
> Elle se rend aux *semonces* d'Amour [6].

Ce mot revient plusieurs fois dans les œuvres de notre poëte. Lorsqu'il nous raconte les efforts du roi d'Ithaque pour rendre à ses compagnons leur forme première, il nous dit :

> Ulysse fit à tous une même *semonce* [7].

On voit déjà par ces passages que le meilleur équivalent de *semonce* est *avertissement.* Toutes les significations particulières peuvent être rapportées à ce sens. Que le mot exprime l'invitation à une cérémonie, la citation à une audience, la réprimande

---

1. *Psyché,* liv. I, tom. I, p. 359.
2. Liv. IV, fab. iii, 18.
3. *Psyché,* liv. I, tom. I, p. 385.
4. *L'Eunuque,* act. I, sc. 1, 52.
5. 22 août 1661. Tom. II, p. 691.
6. Liv. II, c. V, 228.
7. Liv. XII, fab. I, 33.

faite par un supérieur, l'idée générale reste toujours la même.

Anciennement *semondre* avait tous les sens qui correspondent à ceux de *semonce*. En 1694, l'Académie donnait l'exemple suivant d'une acception fort claire et fort énergique qui par malheur a complétement disparu : « On dit : *Semondre quelqu'un de sa parole, de sa promesse*, pour dire : Le faire souvenir de sa parole, de sa promesse. »

Semondre possédait, dans l'ancien langage, un grand nombre de formes diverses qui ont été soigneusement recueillies par du Cange et par Raynouard ; au dix-septième siècle, deux seulement subsistaient encore : *semondre* et *semoncer*. Je ne trouve celle-ci que dans les *Recherches italiennes* d'Oudin, publiées en 1643.

Elle est précédée de l'astérisque qui désigne les mots hors d'usage, et n'est nullement distinguée, quant au sens, du verbe *semondre*. L'article est ainsi conçu :

* SEMONCER, et

SEMONDRE, *inuitare, conuitare.*

Dans les dictionnaires français publiés vers la fin du dix-septième siècle, on chercherait vainement *semoncer ;* il reparait plus tard, mais avec le sens particulier de *réprimander ;* et à partir de ce moment chacune des deux formes conserve une signification différente.

Quant à l'étymologie, elle doit naturellement rappeler le sens le plus compréhensif, et non pas une acception accidentelle. Suivant nous, *semondre* vient de *submonere ;* l'exemple que voici, tiré du roman de Gérard de Roussillon [1], et rapporté dans le Lexique de Raynouard, devrait suffire pour établir cette origine :

> A Rossilho vai K. ab gen privada
> Que non ac *sostmonida* ni lonh mandada.

« Charles va à Roussillon avec gent privée qu'il n'eut requise ni mandée de loin. »

Mais comme depuis quelque temps cette étymologie est oubliée ou révoquée en doute, il n'est peut-être pas inutile d'examiner sur quels motifs se fondent les philologues qui la combattent.

---

1. Fol. 10.

M. Génin s'exprime ainsi à ce sujet dans son *Lexique de la langue de Molière* :

« M. Auger dérive *semondre* de *submonere,* à tort, selon moi. Il a pris cette étymologie dans Nicot, où il aurait fallu la laisser cachée.

« La racine de *semondre* me paraît être *sermo; semondre* serait alors une forme primitive de *sermonner.* L'*r* s'éteignait dans la prononciation, pour éviter deux consonnes consécutives : *sermonner, semoner, semonre,* enfin *semondre,* avec un *d* euphonique, comme dans *pondre,* tiré de *ponere,* dans *moudre,* de *molere (moul[d]re).* Si l'on veut que *semondre* vienne de *monere,* il faudra expliquer d'où vient la syllabe initiale *se.* On ne peut admettre qu'elle représente le latin *sub;* il n'y en aurait pas d'autre exemple.

« On trouve dans Nicot SEMONNEUR, *vocator, monitor;* n'est-ce pas le même mot que SERMONNEUR? Celui qui fait des *sermons* et celui qui donne des *semonces,* n'est-ce pas tout un ? »

Ces objections ne sont pas aussi fortes qu'elles le paraissent à première vue; il est facile d'y répondre.

D'abord, l'étymologie dont il s'agit n'a jamais été cachée; elle a pour elle, non-seulement Nicot, mais du Cange, Ménage, Furetière et Raynouard; ensuite, quand il ne serait pas impossible de considérer *semondre* comme une forme primitive de *sermonner,* le sens même ne s'y prêterait pas. Jamais *sermonner* n'a pu vouloir dire *avertir, inviter,* et c'est, comme nous l'avons vu, la signification primitive, et même aujourd'hui la seule du verbe *semondre; sermonner* n'aurait quelque analogie qu'avec *semoncer,* qui, de nos jours, signifie seulement *faire une réprimande.*

La prétendue identité de *semonneur* et de *sermonneur* ne repose de même que sur une équivoque; il n'y a nul rapport entre un *faiseur de sermons* et un *sergent* ou un *distributeur de billets d'enterrement, d'invitations,* et ces sens sont pourtant les seuls que *semonneur* paraisse avoir eus; rien n'indique qu'il ait jamais signifié *celui qui fait des réprimandes.*

Enfin, nous n'essayerons pas d'expliquer le changement de *sub* en *se;* mais il suffit de rapprocher *succutere* et *secouer, succurrere* et *secourir, subjornare, sejornare* et *séjourner,* pour se convaincre que c'est là un fait assez ordinaire.

M. Géruzez propose une autre étymologie, il tire *semondre*

de *seorsum monere*. Par ce moyen on a les mêmes lettres initiales ; il ne s'agit plus que de supprimer *orsum*. M. Lorin a également choisi ce parti, mais il ne nous a pas expliqué comment la suppression s'opère ; il s'est contenté de copier presque textuellement la note de M. Géruzez, sans en indiquer l'origine.

Non-seulement la Fontaine emploie, comme nous venons de le voir, les termes de droit dans le langage de la galanterie, mais il s'en sert parfois d'une manière fort heureuse dans les sujets les plus graves :

> L'ange rassemblera les débris de nos corps ;
> Il les ira *citer* au fond de leur asile [1].

> Ma prière parvint aux temples étoilés,
> Parut devant sa face, et fut *entérinée* [2].

On chercherait vainement ces acceptions figurées dans les dictionnaires ; du reste, il serait injuste de se plaindre de n'y point trouver d'exemples de ces hardiesses qu'on admire précisément parce qu'elles conservent tout le charme de la nouveauté, et ne sont point devenues d'un usage général. Charles Nodier a eu pleinement raison de reprocher à Boiste de n'avoir admis *partant* que comme terme de pratique, bien que la Fontaine ait dit :

> Plus d'amour, *partant* plus de joie [3].

Mais le spirituel philologue s'est peut-être montré trop sévère en blâmant Gattel, qui a rangé *chevaline* dans la même classe. Ce mot n'est point employé d'ordinaire par nos poëtes ; et il serait sans doute bien difficile d'en citer un autre exemple que le suivant :

> J'ai, dit la bête *chevaline*,
> Un apostume sous le pied [4].

La Fontaine a dit dans ses *Considérations sur les dialogues de Platon* : « Les circonstances du dialogue, les caractères des personnages, les *interlocutions* et les bienséances, le style élégant et noble, et qui tient en quelque façon de la poésie, toutes ces

1. Ode VI, 8.
2. Ode V, 28.
3. Liv. VII, fab. I, 13.
4. Liv. V, fab. VIII, 22.

choses s'y rencontrent en un tel degré d'excellence, que la manière de raisonner n'a plus rien qui choque ; on se laisse amuser insensiblement comme par une espèce de charme [1]. »

Il en est de ce mot comme des précédents ; il ne figure dans les dictionnaires qu'à titre de terme de pratique.

Ces expressions hasardées par notre poëte ont été en général fort mal accueillies, lorsque d'autres écrivains se sont avisés de les employer à leur tour.

On trouve, dans une des fables de la Motte, le passage suivant :

> Tous les cerveaux sont-ils troublés ?
> Dit Mercure. Du moins les enfants et les pères...
> Autre erreur et nouveaux débats ;
> Il les trouve *appointés contraires*.
> Ou les pères sont durs, ou les enfants ingrats [2].

L'abbé Desfontaines s'écrie à ce sujet : « Voilà du beau français propre à la poésie [3]. » La Motte aurait pu répondre que, contre sa coutume, il imitait ici l'éternel modèle de tous les fabulistes ; la Fontaine a dit :

> Commençons par les éléments :
> Vous serez étonnés de voir qu'à tous moments
> Ils seront *appointés contraires* [4].

Les expressions proverbiales empruntées au langage judiciaire abondent dans les œuvres de la Fontaine :

> Ce point tout seul devrait me donner *gain de cause* [5],

> Le loup l'emporte, et puis le mange,
> Sans autre *forme de procès* [6].

> Cette sœur fut beaucoup plus mal *lotie* [7] !

Molière a employé cette dernière locution. Lorsqu'il est question de faire épouser Tartufe à Marianne, Dorine s'écrie :

1. Tom. II, p. 617.
2. Liv. IV, fab. xvi, 62.
3. *Diction. néolog.*
4. Liv. XII, fab. VIII, 4.
5. *Songe de Vaux*, II, tom. II, p. 389
6. Liv. I, fab. x, 28.
7. Liv. II, c. xvi, 159.

. . . . .La voilà bien lotie [1].

Si ce terme, qui fait partie de notre langue populaire, avait besoin de commentaire, on n'en pourrait trouver un meilleur que la fable intitulée : *le Testament expliqué par Ésope*. Elle roule uniquement sur la façon dont on partage une succession, et dont on forme les lots qui doivent revenir à chaque héritière.

Ces termes que nous venons de rencontrer de loin en loin au figuré, dans les œuvres de notre poëte, y sont employés au propre dans une foule de passages beaucoup trop nombreux et trop étendus pour que nous puissions songer à les rapporter ici ; nous nous bornerons au suivant :

> Voilà l'*exploit* qui trotte incontinent,
> *Aux fins de voir* le troc et changement
> Déclaré nul, et cassé nettement.
> Gille *assigné* de son mieux se défend.
> Un *promoteur* intervient pour le siége
> Épiscopal, et *vendique* le cas.
> Grand bruit partout ainsi que d'ordinaire :
> Le parlement *évoque* à soi l'affaire [2].

Il est difficile de trouver de la procédure plus amusante. La narration est vive, le style excellent, et toutefois un procureur de l'époque ne relèverait ici aucun défaut de forme. Introduites subitement au milieu d'une discussion entre les frelons et les mouches à miel, ou dans quelque autre sujet semblable, ces expressions techniques ramènent tout à coup le lecteur au train journalier des affaires humaines.

On pourrait s'étonner que la Fontaine, qui administrait sa fortune avec tant de négligence, ait eu une connaissance si complète du droit ; c'est qu'à l'époque où il vivait, on n'avait pas imaginé de se livrer exclusivement à une *spécialité*, et, quoique chacun eût une profession différente, on se comprenait encore ; les langues techniques n'étaient devenues ni assez abondantes ni assez barbares pour se séparer forcément du vocabulaire général ; les poëtes ne songeaient pas à se créer un langage particulier, mais à exprimer leurs pensées les plus sublimes dans le langage de tous ; et, quoique le purisme fit déjà de grands progrès, on osait appeler les choses par leur nom. C'est afin de le

1. Act. II, sc. II, 123.
2. Liv. IV, c. III, 140.

mieux faire sentir que nous avons tant insisté sur ces termes d'é-
conomie rurale, de vénerie, d'art militaire et de droit, qui ani-
ment si naturellement le récit. Leur emploi demande un goût et
une habileté extrêmes ; mais ils ont une vivacité, une énergie
qui disparaît dès qu'on cherche à les remplacer par des équiva-
lents.

V.

Les mots que les commentateurs regardent comme créés par
la Fontaine auraient mérité une attention toute particulière.
M. Génin a fait voir que *moutonnier* a été attribué à tort au fabuliste [1]. Il en est de même pour beaucoup d'autres termes.

Dans sa description du château de Richelieu, notre auteur écrit
à sa femme : « Je passerai sous silence les raretés de ces deux
chapelles, et m'arrêterai seulement à un saint Jérôme tout de pièces
rapportées, la plupart grandes comme des têtes d'épingles,
quelques-unes comme des cirons..... J'admirai non-seulement
l'artifice, mais la patience de l'ouvrier. De quelque façon que
l'on considère son entreprise, elle ne peut être que singulière,

> Et dans l'art de *niveler*,
> L'auteur de ce saint Jérôme
> Devoit sans doute exceller
> Sur tous les gens du royaume.

« Ce n'est pas que je sache son pays, pour en parler franche-
ment, ni même son nom ; mais il est bon de dire que c'est un
François, afin de faire paraître cette merveille d'autant plus
grande. Je voudrois, pour comble de *nivelerie*, qu'un autre en-
treprît de compter les pièces qui la composent.

« Mais ne passerois-je pas moi-même pour un *nivelier* de tant
m'arrêter à ce saint Jérôme ?... [2] »

M. Walckenaer prétend que *nivelerie* est un mot forgé par la
Fontaine. Il n'en est rien ; on trouve dans les *Recherches italiennes* d'Oudin *nivellerie*, *nivetterie* et même *nivellement* dans
le sens que notre auteur donne au premier de ces substantifs ; on
y trouve aussi *niveler*, *niveter* et *niveleur* avec des significations
analogues, mais on y chercherait vainement *nivelier*. Aujour-
d'hui *niveler* a bien changé d'acception au figuré. Les révolu-

---

1. *Problèmes philologiques* ; *Illustration*, 4 juin 1853.
2. Tom. II, p. 656.

tionnaires qui voulaient *niveler les fortunes* ne se doutaient guère que ce mot pût signifier *s'amuser a des vétilles;* du reste, ils ont si bien su faire prévaloir le nouveau sens qu'ils lui ont donné, que l'ancien est tombé dans un oubli complet; M. Lorin aurait dû ne pas laisser échapper l'occasion de le rappeler à ses lecteurs.

Nous lisons dans la fable intitulée *le Fermier, le Chien et le Renard :*

> Le rustre, en paix chez soi,
> Vous fait argent de tout, convertit en monnoie
> Ses chapons, sa *poulaille;* il en a même au croc[1].

Tous ceux qui se sont occupés de ce substantif l'ont cru nouveau. Féraud, le seul lexicographe qui l'ait recueilli, du moins à ma connaissance, le marque d'un astérisque, et dit : C'est un mot de Rousseau le poëte; M. Walckenaer déclare qu'il ne connaît pas d'autorité plus ancienne que la Fontaine relativement à l'emploi de ce terme, et enfin, une note de la petite édition des Fables publiée par M. Dézobry l'indique formellement comme ayant été forgé par notre auteur. Quant à M. Lorin, il ne se prononce point.

On comprend que le mot dont il s'agit soit assez rare chez nos bons écrivains, qui ont eu fort rarement occasion de l'employer. Nous le rencontrons toutefois dans le glossaire de l'édition des *OEuvres de Rabelais* publiée chez Ledentu en 1835, et dans l'*Histoire universelle* de d'Aubigné[2]. Si l'on veut en trouver de nombreux exemples, c'est à nos vieux ouvrages d'économie rurale et de médecine qu'il faut les demander ; ils en fournissent à chaque instant.

On lit dans un passage du *Ménagier de Paris,* où il est question de la manière de dresser l'épervier: « Tenez-le adonc en place si paisiblement qu'il n'ait cause de soy débatre sur sa gorgée, car il seroit en aventure de la gecter, ou se vous n'avez loisir de le tenir sur le poing en place convenable et paisible, si le perchiez en lieu paisible où il voie gens, chiens et chevaulx, etc., et ne voie point pigons ne autre *poulaille*[3]. »

Le chemin de povreté et de richesse, poëme composé par Jean

---

1. Liv. XI, fab. III, 11.
2 V. II. Tom. II, p. 312 ; 1616-1620, in-fol.
3. Distinct. III, art. 11, tom. II, p. 304.

Bruyant, et reproduit intégralement dans l'ouvrage que nous venons de citer, renferme les vers qui suivent :

> Aussi bien me sentis-je peu
> Comme s'à feste éusse été
> Ou j'éusse eu à grant planté
> Mouton, buef, *poulaille* et paons [1].

Le plus difficile est de bien déterminer l'étendue de la signification de ce terme. Nous venons de voir les pigeons compris par le *Ménagier* dans la *poulaille;* Ambroise Paré les en sépare dans le passage suivant : « Les pigeons, tourterelles et *poulailles* pour se purger, mangent de la paritoire [2]. » Souvent il restreint beaucoup le sens de ce mot : « La graisse d'oye, ou de canard, ou de *poulaille*, est propre pour lenir et addoucir l'aspérité du cuir [3]. » Quelquefois il l'étend à des animaux qui ne font point ordinairement partie de la basse-cour : « Les canards, les cicoignes, les hérons, les paons, les coqs d'Inde et autres *poulailles* mangent et vivent de crapaux, vipères, aspics, couleuvres, scorpions, araignes, chenilles et autres bestes venimeuses [4]. » Ce qu'il y a de certain d'après ces exemples, c'est que M. Lorin, en expliquant ainsi ce terme : « Poules réunies dans une basse-cour, » a donné une définition des plus incomplètes.

La Fontaine a dit en parlant de l'araignée :

> Le pauvre *bestion* tous les jours déménage [5].

Et ailleurs :

> La sœur de Philomèle, attentive à sa proie,
> Malgré le *bestion* happoit mouches dans l'air [6].

A l'occasion de ce dernier passage, M. Walckenaer fait la remarque suivante : « Ce mot n'appartient pas, comme on l'a dit, à notre vieux langage; il est dérivé de l'italien : mais au lieu d'être, comme dans cette langue, un augmentatif, notre poëte en fait un diminutif. *Il bestione* signifie en italien une bête grosse ou grande. Dans la première édition du Dictionnaire de l'Aca-

1. Distinct. II, art. I, tom. II, p 38.
2. II, I, p. 46.
3. XIX, III, p. 550.
4. XXI, IV, p. 566.
5. Liv. III, fab. VIII, 26.
6. Liv. X, fab. VII, 15.

démie française, on trouve cependant le mot *bestions*, mais au pluriel seulement ; il est dit que ce mot signifie particulièrement des bêtes sauvages, et qu'il ne s'emploie guère qu'en parlant des tapisseries qui représentent ces sortes de bêtes, *tapisseries de bestions*. »

Cette remarque n'est pas exacte. Ce n'est point la Fontaine qui a fait de *bestion* un diminutif ; il avait ce sens au seizième siècle, et l'on n'appelait *tapisseries de bestions* que celles où figuraient ces animaux de médiocre grosseur qui caractérisaient la plupart des ornements de la Renaissance.

Philibert de l'Orme s'exprime ainsi dans son *Architecture :* « Les ouvriers ne font pas seulement une clef suspenduë au droict de la croisée d'ogiues, mais aussi plusieurs, quand ils veulent rendre plus riches leurs voûtes, comme aux clefs où s'assemblent les tiercerons et liernes, et lieux où ils ont mis quelquesfois des rampants qui vont d'une branche à autre, et tombent sur les clefs suspendues, les unes estans circulaires, les autres en façon de soufflet auec des guimberges, mouchettes, claire-voyes, feuillages, crestés de choux, et plusieurs *bestions* et animaux [1]. »

Il revient plus loin sur ce genre d'ornements en termes fort propres à expliquer ce qu'il entend par *bestion :* « Vous noterez qu'il ne faut pas seulement apprendre à portraire les fueilles et fueillages pour les frizes, mais aussi il les faut accompagner quelquesfois de fruicts, de *petits animaux*, oyseaux, et choses semblables [2]. »

Enfin, dans le passage suivant des *Serées* de Bouchet, le mot qui nous occupe est employé précisément comme il l'a été depuis par la Fontaine : « Torquemad Espagnol a escrit comme l'ayant veu les femmes de Naples estre en si grand danger en leurs accouchements, que si un petit animal qui sort avant que l'enfant vienne au monde touche la terre incontinent qu'il en sera sorty, la femme meurt à l'instant. Et pource, dit Torquemad, quand une femme veut accoucher en ce païs-là, on tend les draps par toute la chambre de peur que ce *bestion* ne tombe.... [3] »

M. Lorin ne s'est pas plus expliqué sur ce mot que sur *poulaille ;* il remarque seulement que *bestion* signifie petite bête, et

1. Liv. IV, ch. 10, fol. 110, verso ; édit. de Rouen, David Ferrand, 1648, in-fol.
2. Liv. VII, ch. 10, fol. 215 recto.
3 Liv. II, 23 *série*, p. 328 ; édit. de Rouen, Loudet, 1635, in-8°.

qu'on dit maintenant *bestiole*. On croirait, d'après cela, que ce dernier mot est tout nouveau ; il n'en est rien : il se trouve aussi dans les œuvres de la Fontaine [1].

On lit le vers suivant dans une fable dont l'authenticité est contestée par d'excellents critiques :

Quelques *rates*, dit-on, répandirent des larmes [2].

Ce passage a donné lieu aux observations les plus contradictoires.

« Il y a certains traits, dit M. Solvet, celui-ci entre autres, où l'on ne saurait méconnaître le cachet de son auteur. »

Charles Nodier est d'un avis tout opposé : « Le vers n'est point mauvais ; mais la fable n'est pas de la Fontaine, qui n'a employé ce mot dans aucune autre occasion, et il n'en faut pas d'autre preuve [3]. »

On voit que les considérations purement littéraires ne serviront guère à éclaircir la question.

Du reste, les commentateurs attribuent pour la plupart à la Fontaine, non-seulement la fable, mais le mot.

C'est, suivant M. Géruzez, un barbarisme comique ; suivant MM. Walckenaer et Dézobry, un terme imaginé par notre poëte. Tel paraît être aussi l'avis de M. Lorin : « Le français *rat*, dit-il, n'a point de féminin ; toutefois le mot *rate* me paraît ici très-heureux. Ce mot est encore quelquefois en usage dans le style très-familier. On appelle, en badinant, une petite fille : *Ma petite rate*. »

Quand on est en veine de rapprochements, on ne devrait pas s'arrêter en si beau chemin. Charles Nodier avait déjà remarqué que ce mot est commun en province, et l'on trouve dans Nicot *ratepenade* pour chauve-souris. Tout cela était de nature à éveiller l'attention. Quelques recherches dans nos anciens ouvrages d'histoire naturelle auraient suffi pour résoudre la difficulté. On lit dans la traduction de Pline par du Pinet le passage suivant : « Pour éclaircir la veuë à ceux qui l'auroient troublée, on dit que la cendre des testes et queuës de souris y est fort bonne, et plus encore quand cette cendre est faite de testes et queuës de *rattes* rousses ou de rats velus [4]. »

1. Liv. IV, c. I, 15.
2. Liv. XII, fab. xxv, 30.
3. *Examen crit. des Dict.*, au mot *Ratte*.
4. Liv. XXIX, ch. VI, t. II, p. 388.

Il n'était même pas nécessaire de chercher si loin, et l'on pouvait, sans quitter le recueil de fables publié par M. Dézobry, rencontrer une autorité bien autrement importante. En effet, après y avoir lu, à la page 413, que *rate* est un mot imaginé par la Fontaine, on y trouve, à la page 444, la charmante fable adressée par Marot à son ami Lyon au milieu d'une de ses épîtres, dans laquelle on rencontre les vers suivants :

> Adonc le rat, sans serpe, ne cousteau,
> Y arriva joyeux et esbaudy,
> Et du lyon (pour vray) ne s'est gaudy :
> Mais despita chatz, chates et chatons,
> Et prisa fort ratz, *rates* et ratons.

Un peu plus loin le rat dit au lion :

> Secouru m'as fort lyonneusement,
> Or secouru seras *rateusement*.

Voilà sans aucun doute l'origine de cette *rateuse seigneurie* qu'on a également signalée dans la *Ligue des rats* comme un barbarisme forgé par la Fontaine.

On ne comprend guère comment des rapprochements si faciles n'ont pas été déjà faits par les commentateurs ; mais on s'aperçoit bientôt que le tort de la plupart d'entre eux est d'avoir voulu faire preuve de trop d'érudition. Ils ont souvent feuilleté des ouvrages que le fabuliste n'avait sans doute jamais vus, dans l'espoir d'y découvrir les origines de son langage et de son style, tandis qu'ils dédaignaient de comparer patiemment le poëte à lui-même et aux prédécesseurs qu'il nous désigne. Il écrit à Saint-Évremont :

> J'ai profité dans Voiture,
> Et Marot par sa lecture
> M'a fort aidé, j'en conviens.
> Je ne sais qui fut son maître :
> Que ce soit qui ce peut être,
> Vous êtes tous trois les miens.

« J'oubliais maître François, dont je me dis encore le disciple, aussi bien que celui de maître Vincent et celui de maître Clément. Voilà bien des maîtres pour un écolier de mon âge [1]. »

Il est impossible, on l'avouera, de se mieux conduire avec ses

1. 18 déc. 1687. Tom. II, p. 725.

commentateurs. S'ils avaient profité du conseil et qu'ils se fussent mis à étudier sérieusement, d'abord les écrivains de prédilection du poëte, puis les auteurs de son temps et les lexiques, ils se seraient bien vite convaincus que les *mots forgés* sont beaucoup moins nombreux qu'on ne le suppose dans les œuvres de la Fontaine. En fait de langage, il inventait peu ; seulement il cherchait à ne rien laisser perdre ; dans ses ouvrages le style tire bien plus souvent son originalité de la nouvelle acception d'un mot que de la création d'un terme.

A l'occasion de ce passage :

> Notre *examinateur* soupiroit dans sa peau [1],

M. Lorin a fait la remarque suivante qui est pleine de justesse : « *Examinateur* signifie ordinairement *celui qui a commission d'examiner*. Il est pris ici dans un sens absolu et plus général. » Molière a dit de même :

> O fâcheux examen d'un mystère fatal,
> Où l'*examinateur* souffre seul tout le mal [2].

Il y a un grand nombre de substantifs de la même terminaison qui prennent ainsi chez la Fontaine une signification plus étendue que celle qui leur est donnée par les dictionnaires. En voici plusieurs que M. Lorin n'a point recueillis :

> . . . . . Alaciel. . . . .
> . . . . . souvent se divertissoit
> Aux menus ouvrages des filles
> Qui la servoient toutes assez gentilles.
> Elle en aimoit fort une à qui l'on en contoit.
> Et le *conteur* étoit un gentilhomme
> De ce logis, bien fait et galant homme [3],

> Ce cousin entreprend de changer une femme !
> . . . .
> Et quel est donc ce sot *entrepreneur* [4] ?

> S'il n'avoit entendu son *compteur* à la fin
>   Mettre la clef dans la serrure,
> Les ducats auroient tous pris le même chemin [5].

1. Liv. IV, c. VIII, 50.
2. *École des femmes*, act. II, sc. VI, 6.
3. Liv. II, c. XIV, 543.
4. *Le Florentin*, sc. III, 94.
5. Liv. XII, fab. III, 33.

Son *coucheur* cette nuit se retourna cent fois [1].

Le *jeûneur* maudit son sort [2].

Jadis certain Mogol vit en songe un vizir
Aux champs Élysiens possesseur d'un plaisir
Aussi pur qu'infini, tant en prix qu'en durée :
Le même *songeur* vit en une autre contrée
    Un ermite entouré de feux [3].

    Le *fabricateur* souverain
Nous créa besaciers tous de même manière [4].

Stratagème inouï, qui des *fabricateurs*
    Paya la constance et la peine [5].

.... On croiroit au nombre des ouvrages
Et des *compositeurs* (car chacun fait des vers),
Qu'il nous faudroit chercher un mont dans l'univers,
Non pas double, mais triple et de plus d'étendue
Que l'Atlas : cependant ma cour est morfondue [6].

« Une musique de luths et de voix se fit entendre à l'un des coins du plafond, sans qu'on vit ni chantres ni instruments ; musique aussi douce et aussi charmante que si Orphée et Amphion en eussent été les *conducteurs* [7]. »

Tapisser signifie seulement, suivant les dictionnaires, *garnir, orner de tapisserie ;* la Fontaine le dit pour *faire de la tapisserie :*

    .... Elle n'avoit au monde sa pareille
      A manier un canevas,
Filoit mieux que Cloton, brodoit mieux que Pallas,
Tapissoit mieux qu'Arachne [8] ....

Parfois la Fontaine, remontant à la source étymologique, rend aux mots des acceptions qui ne sont point consacrées par l'usage. Le chat dit au rat dans une de ses fables :

1. Liv. II, c. xiii, 75.
2. Liv. II, c. xix, 361.
3. Liv. XI, fabl. iv, 1.
4. Liv. I, fab vii, 31.
5. Liv. II, fab. i, 30.
6. *Clymène*, 506.
7. *Psyché*, liv. I, tom. I, p. 365.
8. Liv. III, c. iv, 129.

> Ce réseau me retient : ma vie est en tes mains;
> Viens *dissoudre* ces nœuds [1].

La recherche persévérante du terme propre à laquelle se livre notre poëte produit souvent une locution toute neuve, aussi vive que naturelle. *Dévorer des yeux* est une expression fort énergique pour désigner la convoitise d'un gourmand ; elle a dû se présenter sur-le-champ à l'esprit de la Fontaine lorsqu'il cherchait à nous peindre ses pèlerins découvrant une huître ; mais le mot *dévorer* ne convenait pas ici ; un autre écrivain se fût contenté d'une périphrase ; la Fontaine fond habilement le mot propre et l'expression populaire, et nous donne ce vers charmant :

> Ils l'*avalent des yeux,* du doigt ils se la montrent [2].

Dans le poëme sur la *Captivité de S. Malc*, notre auteur, après avoir dépeint l'antre de la lionne, nous dit :

> Mère nouvellement, on l'eût vue allaiter
> Celui qu'elle venoit en ces lieux d'enfanter.
> Mais comment l'eût-on vue? A peine la lumière
> Osoit franchir du seuil la *démarche* première [3].

Furetière explique ainsi ce mot :

« DÉMARCHE. Le pas qu'on commence à faire quand on veut aller en quelque lieu, ou en sortir. *Il a fait une cheute dès sa première* démarche. »

Dans le passage de la Fontaine il s'agit de l'espace de terrain contenu dans le premier pas, dans la première enjambée qui touche à l'entrée de la caverne. L'Académie n'a jamais admis aucune de ces acceptions; elle explique *démarche* par *allure* et par *manière d'agir*, et elle observe dans la première édition de son dictionnaire, que ce dernier sens est le plus usité; cependant, suivant Richelet, il était nouveau en 1680.

M. Lorin ne s'est guère attaché qu'aux fables et aux contes ; il a presque complétement négligé les autres œuvres, d'autant plus importantes à étudier, que les exemples qu'on y trouve

1. Liv. VIII, fab. xxii, 24.
2. Liv. IX, fab. ix, 3.
3. Vers 445.

sont bien moins connus et ne viennent pas s'offrir d'eux-mêmes
à la mémoire de tous les amis de la Fontaine. Non-seulement il
néglige les acceptions particulières et les termes rares, mais il
dédaigne les anecdotes philologiques. La Fontaine, racontant à sa
femme son séjour à Bellac, lui dit : « Quoique nous eussions
choisi la meilleure hôtellerie, nous y bûmes du vin à teindre
les nappes, et qu'on appelle communément la *tromperie de Bellac*. Ce proverbe a cela de bon, que Louis XIII en est l'auteur [1]. » Quand les rois font des proverbes, c'est bien le moins
que les grammairiens les recueillent.

VI.

Tandis que M. Lorin omet un si grand nombre de mots im-
portants, il consacre une fort notable partie de son petit volume à des récits mythologiques ou à des notions de statistique
et de géographie. Il nous raconte en détail l'histoire d'Adonis,
de Céphale, du fleuve Scamandre, et nous apprend que Quimper-
Corentin est une ville de Basse-Bretagne qui compte environ
huit mille quatre cents habitants.

S'il voulait admettre les noms propres, il n'aurait dû s'en
occuper que lorsqu'ils prennent dans la phrase un sens général
qui les transforme en expressions de la langue ordinaire. Ces
acceptions abondent dans les œuvres de la Fontaine. En voici
quelques exemples :

> ...... le jeune homme
> Se campe en une église où venoit tous les jours
> La fleur et l'élite de Rome,
> Des *Grâces*, des *Vénus* avec un grand concours
> D'amours,
> C'est-à-dire, en chrétien, beaucoup d'anges femelles [2].

> Ce dieu, se reposant sous ces voûtes humides,
> Est assis au milieu d'un chœur de néréides.
> Toutes sont des *Vénus*, de qui l'air gracieux
> N'entre point dans son cœur et s'arrête à ses yeux [3].

L'Académie admet ce sens, mais elle ne donne aucun exemple

1. T. II, p. 668.
2. Liv. IV, c. viii, 194.
3. *Psyché*, liv. I, tom. I, p. 355.

de l'acception suivante : « Son esprit, sa beauté, sa taille, sa personne, ne touchoient point, faute de *vénus* qui donnât le sel à ces choses. Myrtis, au contraire, excelloit en ce point-là.... il n'y avoit si petit endroit sur elle qui n'eût sa *vénus*, et plutôt deux qu'une, outre celle qui animoit tout le corps en général [1]. »

« L'architecte s'étoit servi de l'ordre ionique à cause de son élégance. De tout cela il résultoit une *vénus* que je ne saurois vous dépeindre [2]. »

« Là quelques auteurs avoient envoyé des offrandes pour reconnaissance de la *vénus* que leur avoit départie le ciel [3]. »

Une excellente note de M. Walckenaer nous apprend que Gilles Boileau s'était déjà servi de ce mot à l'Académie en 1659, dans sa réponse à Costar, et nous renvoie à la dispute de Ménage et de Bouhours sur *vénusté*, qui avait le même sens et était employé un peu plus fréquemment.

Nous ne reprocherons point à M. Lorin de ne pas nous avoir raconté la guerre de Troie ; mais nous aurions voulu que, composant un vocabulaire spécial, il y recueillit ces jolis vers :

> Elle eut regret d'être l'*Hélène*
> D'un si grand nombre de *Páris* [4],
>
> Plus d'une *Hélène* au beau plumage
> Fut le prix du vainqueur [5] ...

Philis, employé comme nom commun dans le sens de *maitresse*, méritait aussi d'être remarqué :

> Mari jaloux ; non comme d'une femme,
> Mais comme qui depuis peu jouiroit
> D'une *Philis* [6] ...,.

Notre poëte emploie souvent cette expression d'une manière fort comique :

> La voilà donc compagne
> De certaines *Philis* qui gardent les dindons
> Avec les gardeurs de cochons [7].

1. *Ibid.*, liv. II, tom. I, p. 442.
2. *Ibid.*, p. 444.
3. *Ibid.*, p. 445.
4. Liv. II, c. xiv, 611.
5. Liv. VII, fab. xiii, 9.
6. Liv. IV, c. xv, 28.
7. Liv. VII, fab. ii, 25.

Dans la relation de voyage que la Fontaine adresse à sa femme, il lui dit : « Non loin de là nous aperçûmes quelques *Phyllis,* je veux dire *Philis* d'Égypte [1] »

Quelques jours après, arrivé à Limoges, il s'exprime ainsi au sujet de cette ville et de celles qui l'habitent :

> Ce n'est pas un plaisant séjour :
> J'y trouve aux mystères d'Amour
> Peu de savants, force profanes,
> Peu de *Philis,* beaucoup de *Jeannes* [2].

Ce mot *Jeannes* sert ici à désigner les femmes du commun, comme le remarque fort bien M. Walckenaer. Quant aux *Jeannetons,* c'est tout autre chose. Après avoir parlé au prince de Conti de la mauvaise santé du pape, la Fontaine ajoute :

> .... les gens de delà les monts
> Auront bientôt pleuré cet homme,
> Car il défend les *Jeannetons,*
> Chose très-nécessaire à Rome.

« Comme il ne coûte rien d'appeler les choses par noms honorables, et que les nymphes de delà les monts, les bergers [3] même pourroient s'offenser de celui-ci, je leur dirai que j'ai d'abord voulu les qualifier de *Chloris;* mais ma rime m'a fait choisir l'autre nom, que j'avais déjà consacré à ces sujets-là [4]. »

Ce terme ne peut être toléré que dans les ouvrages comiques; il est tout à fait déplacé au théâtre. Nous l'avons pourtant trouvé dans une pièce sérieuse qui se passe en Espagne et dont les personnages doivent être nécessairement considérés comme parlant la langue du pays, ce qui rend encore plus choquant l'emploi des expressions si particulières à la nôtre. Dans *Ruy-Blas* don Salluste, faisant à don César de vifs reproches sur sa conduite déréglée, s'écrie :

> Partout on vous rencontre avec des *Jeannetons* [5] !

L'auteur, emporté ici par son goût pour le trivial, s'est beaucoup éloigné de cette exactitude rigoureuse dans les détails dont

1. 5 septembre 1663, tome II, p. 643.
2. 19 septembre, tome II, p. 670.
3. Il y a *berger* dans toutes les éditions ; mais le sens exigerait qu'on lût *bergère.*
4. Juillet 1689, tome II, p. 743.
5. Act. I, sc. II, 54.

il se pique, et qui constitue selon lui un des mérites principaux
d'une œuvre dramatique.

Nous avons vu la Fontaine opposer les *Philis* aux *Jeannes*,
ailleurs ce sont les *Clymènes* qu'il oppose aux *Jeannetons* :

> Le reste ira, ne vous déplaise,
> En vin, en joie, ET CÆTERA.
> Ce mot-ci s'interprétera
> Des *Jeannetons*, car les *Clymènes*
> Aux vieilles gens sont inhumaines [1].

Enfin, notre auteur dit dans une de ses épîtres :

> Mignon a la taille mignonne,
> Toute sa petite personne
> Plaît aux *Iris* des petits chiens,
> Ainsi qu'à celles des chrétiens [2].

On voit que la Fontaine n'emploie presque jamais ces beaux
noms sans une nuance d'ironie. Il était certes bien loin de par-
tager l'indignation de son ami Boileau contre ceux qui s'avisent
de

> ... changer sans respect de l'oreille et du son
> Lycidas en Pierrot et Philis en Toinon [3].

Son opinion à ce sujet ne saurait être un instant douteuse.
Il l'a exprimée avec sa finesse habituelle au commencement d'un
de ses contes :

> Les gens du pays des fables
> Donnent ordinairement
> Noms et titres agréables
> Assez libéralement ;
> Cela ne leur coûte guère :
> Tout leur est nymphe ou bergère
> Et déesse bien souvent.
> . . . .
> De ce privilége insigne
> Moi, faiseur de vers indigne,
> Je pourrois user aussi
> Dans les contes que voici ;
> Et, s'il me plaisoit de dire

1. *Lettre au duc de Vendôme*, septembre 1689 ; tome II, p. 749.
2. IX, 21.
3. *Art poétique*, II, 23.

> Au lieu d'Anne Sylvanire,
> Et pour messire Thomas,
> Le grand druide Adamas,
> Me mettroit-on à l'amende?
> Non, mais, tout considéré,
> Le présent conte demande,
> Qu'on dise Anne et le curé [1].

Pour bien apprécier la spirituelle raillerie contenue dans ce passage , il importe de se souvenir que d'Urfé a composé une *fable bocagère* en vers non rimés, intitulée *la Sylvanire* ou *la Morte-vive ;* quant au *grand druide Adamas,* c'est un des principaux personnages de son *Astrée.*

Ce dernier ouvrage était tellement célèbre, que son titre a été employé par notre auteur comme une sorte de nom commun pour désigner un roman quelconque : « Le vieillard avoit permis à l'aînée de lire certaines fables amoureuses que l'on composoit alors, à peu près comme nos romans, et l'avoit défendu à la cadette, lui trouvant l'esprit trop ouvert et trop éveillé. C'est une conduite que les mères de maintenant suivent aussi : elles défendent à leurs filles cette lecture pour les empêcher de savoir ce que c'est qu'amour : en quoi je tiens qu'elles ont tort ; et cela est même inutile, la nature servant d'*Astrée* [2]. »

Il eût fallu recueillir ce passage des *Rieurs du Beau-Richard :*

> Qui ne riroit de ces coquettes
> En qui tout est mystérieux,
> Et qui font tant les *Guillemettes* [3] ?

M. Walckenaer met en note : « Les impertinentes, les innocentes, » ce qui n'est pas synonyme ; je crois que ce mot s'applique plutôt à une dissimulée, et, comme on dit en plaisantant, à une sainte nitouche.

Oudin, dans ses *Recherches italiennes et françoises,* nous indique une chanson dont il ne rapporte que les deux premiers mots : *O Guillemette!* Au commencement de sa XLVe lettre amoureuse, Voiture en cite le couplet principal en ayant soin

1. Liv. IV, c. iv.
2. *Psyché*, liv. II, tom. I, p. 425.
3. *Prologue*, vers 10.

toutefois de le modifier de manière à ce qu'il s'applique mieux
à son sujet :

> Il vous sied fort bien de rire,
> Vous estes en belle humeur,
> Mais quoy que vous puissiez dire,
> Voiture a bien du bonheur
> Qu'il ne sçait pas
> Tous vos esbas,
> *Guillemette*, la, la, la !
> Qu'il en auroit de mal !

C'est probablement à la même origine qu'il faut rapporter le
nom sous lequel *très-honnête et très-divertissante chienne dame*
GUILLEMETTE, petite levrette de la sœur de Scarron, a passé à la
postérité. On s'explique ainsi ce vocatif majestueux : *ô Guillemette*, qu'on rencontre dans la dédicace que le poëte burlesque
lui adresse ; ce n'est plus seulement une marque de respect,
mais une allusion alors plaisante, au premier vers de la chanson.

C'est peut-être ici le lieu de dire un mot des chiens célébrés
par la Fontaine. Les commentateurs, imités en cela par M. Lorin, ont indiqué soigneusement l'étymologie probable des noms
de ces animaux, mais de façon à laisser supposer que la Fontaine
en pouvait être l'inventeur ; il n'en est rien. De Laporte nous
dit : « J'ai accompagné les épithètes du chien de plusieurs noms
propres, comme *Souillard*, *Miraud*, *Greffier* et autres que j'ay
apprins dans les livres de vénerie avoir esté chiens de bonne
race [1]. » Ailleurs, à cette énumération il ajoute *Briffaut* [2].

Il eût été bon aussi d'indiquer les formes particulières que la
Fontaine donne à certains noms. Dans sa correspondance, il
dit toujours *Chaury* pour Château-Thierry, excepté lorsqu'il
écrit à des personnes fort considérables ; il ne faisait du reste
en cela que se conformer à un usage encore pratiqué aujour-
d'hui par les habitants de cette ville. En écrivant *Virville* au lieu
de Viriville, il suit aussi une coutume assez générale :

> Je veux chanter haut et net
> Virville, Hervart, Gouvernet [3].

1. *Les Épithètes*, avertissement.
2. *Ibid.*, au mot *Chien*.
3. 1691, tome II, p. 756.

M. Walckenaer observe que la suscription porte également :
A mesdames d'Hervart, de Virville et de Gouvernet, et que Ver-
gier écrit *Vireville*. Notre auteur aimait fort ces noms propres
à variantes qui rendent plus d'une fois service au poëte, et il en
convient avec sa grâce et son enjouement habituels : « Est-ce
Montlhéry qu'il faut dire, ou Montlehéry?... C'est Montlehéry
quand le vers est trop court, et Montlhéry quand il est trop
long. »

C'est en vertu de ce principe qu'il désigne sans scrupule un
même personnage par toutes les formes que son nom peut rece-
voir. Cette Anne qu'il ne veut point transformer en Sylvanire, il
l'appelle sans scrupule *Annette*, lorsque la rime l'exige [1], et
dans son conte intitulé *le Cuvier*, il nomme en pareil cas madame
Anne *Nanon* [2].

VII.

M. Lorin, on le voit, pèche surtout par omission; il était fort
naturel que, s'occupant de littérature et faisant même parfois
des fables agréables, il lût la Fontaine en prenant des notes, et
qu'il composât ainsi un répertoire à son usage; mais il aurait dû
se garder de le communiquer au public. Ce travail a un carac-
tère tout privé, tout individuel, et ne peut être véritablement
utile qu'à son auteur; il n'offre nulle garantie, nulle certitude :
de ce qu'on y rencontre un mot sans intérêt, on ne peut con-
clure qu'une locution curieuse qui ne s'y trouve pas n'ait
point été employée par la Fontaine; on n'a là qu'un choix
arbitraire, restreint, si l'on peut appeler *choix* un recueil dé-
pourvu de méthode et composé sans but déterminé.

Les faits se présentent toujours isolément sans que rien les rat-
tache l'un à l'autre : c'est, dira-t-on, la condition nécessaire de
tout vocabulaire; certes; mais il est facile de remédier dans une
certaine mesure à ce genre d'inconvénient. Dans son *Lexique de
la langue de Molière*, M. Génin a cherché à y échapper au moyen
de nombreux renvois; on pourrait aussi présenter dans la pré-
face d'un semblable travail l'ensemble des principes littéraires
et grammaticaux dont les articles particuliers fourniraient le
développement et les preuves. Ici rien de tout cela n'a été fait

1. Liv. IV, c. IV, 52.
2. Liv. IV, c. XIII, 13.

ni même tenté. L'avertissement ne contient aucune remarque importante; on y trouve la preuve de l'absence complète de ces études comparées, si indispensables lorsqu'on veut approfondir la langue d'un grand écrivain. L'auteur n'a pas assez observé l'étroite parenté littéraire des grands génies du siècle de Louis XIV; il n'a pas remarqué qu'à chaque instant la tournure qui nous surprend chez la Fontaine se retrouve non-seulement chez Molière, mais chez madame de Sévigné, parfois même chez Bossuet; il se fie sur parole à la réputation de régularité absolue que certains grammairiens ont faite à la littérature du dix-septième siècle; cela l'expose aux plus singulières méprises. Il lui arrive par exemple d'opposer aux vives allures du fabuliste le style compassé de Pascal. L'appréciation a certes de quoi surprendre, et il est vraiment regrettable que M. Lorin n'ait pas même jugé à propos de nous dire si elle s'applique à ces *Provinciales* si pleines de hardiesse et d'ironie, ou à ces *Pensées* si profondes, mais si heurtées, qui sont comme le testament littéraire et philosophique du plus audacieux génie des temps modernes.

TABLE

DES MOTS EXPLIQUÉS OU CITÉS DANS CET ESSAI.